HUANGHE
ZAI
ZHAOHUAN
LUOYUNPENG
ZHUAN

黄河在召唤——罗云鹏传

中共兰州市七里河区委党史办公室 编

甘肃人民出版社

图书在版编目（ＣＩＰ）数据

黄河在召唤 ：罗云鹏传 / 中共兰州市七里河区委党
史办公室编. —— 兰州 ：甘肃人民出版社，2020.12（2024.1重印）
ISBN 978-7-226-05615-8

Ⅰ. ①黄… Ⅱ. ①中… Ⅲ. ①罗云鹏(1910—1946)
—传记 Ⅳ. ①K827=6

中国版本图书馆CIP数据核字（2020）第 251049号

责任编辑：王建华
封面设计：雷们起

黄河在召唤：罗云鹏传

中共兰州市七里河区委党史办公室　编

甘肃人民出版社出版发行

（730030　兰州市读者大道 568 号）

河北浩润印刷有限公司印刷

开本 710 毫米×1020 毫米　1/16　印张 16.25　插页 8　字数 190 千

2020 年 12 月第 1 版　　2024 年 1 月第 2 次印刷

印数：5001～7000

ISBN 978-7-226-05615-8　　定价:58.00 元

编　委　会

寄　语

　　罗云鹏烈士的女儿来电话，问候我，并说到她和兰州的同志正筹划重写罗云鹏传记。引起我对罗云鹏、樊桂英等当年战友的深切怀念。

　　我当年在八路军驻甘办事处协助谢觉哉同志从事党的工作。1938年，罗云鹏和樊桂英同志先后来到兰州，罗云鹏是甘肃工委的副书记，樊桂英先后在八办和甘肃工委工作。说来，他们两个人的结合，还是谢老和我共同促成的。1940年他们不幸被捕。八办当时多方营救，都没能成功。多年后得知罗云鹏同志被反动派杀害。

　　现在党中央高度重视革命传统教育，习近平总书记说："历史是最好的教科书。对我们共产党人来说，中国革命历史是最好的营养剂。"我们党要永远传承好红色基因，就一定不能忘记先烈流血牺牲的历史。

　　祝愿他们的新书早日出版，它一定是一本革命历史教育的好教材。

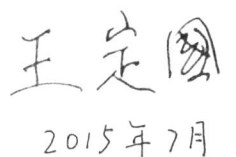

2015年7月

伍修权

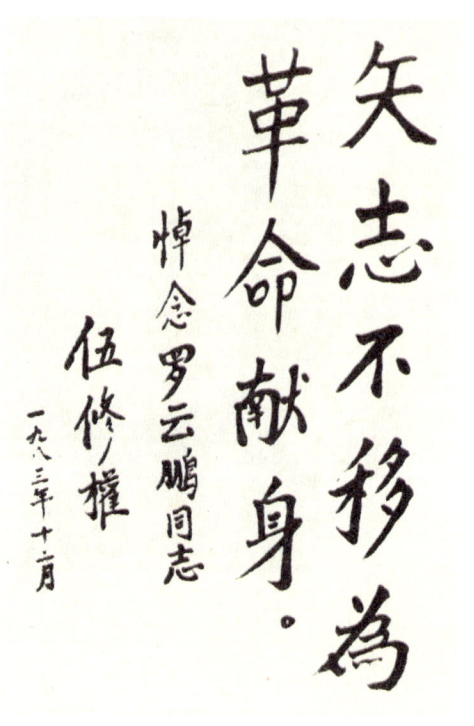

矢志不移為
革命献身。

悼念罗云鹏同志

伍修权

一九八三年十月

王定国

怀念罗云鹏同志

烈士精神不死
金城永存英名

王定國
一九八三年

罗云鹏在北平大学读书时留影

罗云鹏（右一）在北平大学读书时留影

1938 年的陕北公学大门

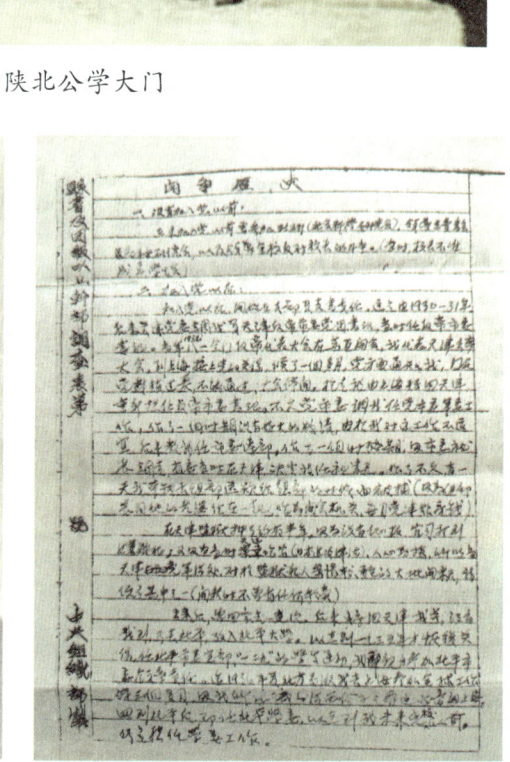

罗云鹏（张西平）在延安填写的表格

1936 年的国民政府甘肃省政府

原八路军驻甘办事处（现八路军兰州办事处纪念馆）

兰州的抗日救亡报刊

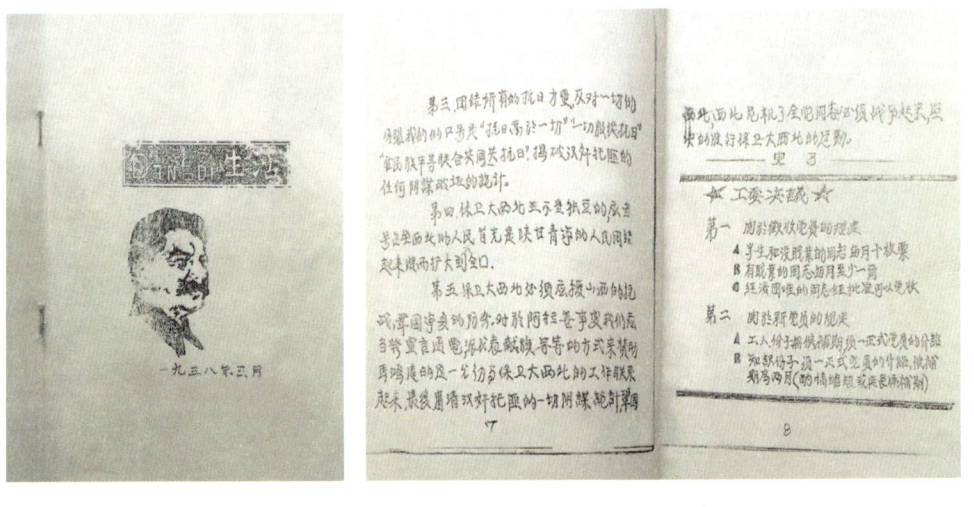

1938 年甘肃工委编印的《DangDi 生活》

1984 年老战友兰州相聚。原中国人民解放军副总参谋长伍修权（左一）与樊桂英（右一）亲切握手

　　1984 年老战友兰州相聚。右起赵子明、樊桂英、刘杰、孙作宾、刘日修、王实先、窦志安

南开中学烈士纪念碑和包括罗云鹏（张敬载）在内的 56 位校友英烈事迹简
介的碑铭墙

1998 年罗力立撰写的《大豆谣》　　　　1986 年范圣予撰写的《罗云鹏传》

兰州市烈士陵园纪念碑

兰州市烈士陵园中
的罗云鹏烈士纪念亭

序一

（《罗云鹏传》 甘肃人民出版社 1986 年 3 月版）

读了《罗云鹏传》，我的心情久久不能平静。优秀的共产党员，中共甘肃工委副书记罗云鹏同志的音容笑貌又浮现在我的眼前。他那可歌可泣的奋斗精神，他那宁死不屈的铮铮铁骨，他那视死如归的浩然正气，与日月同辉，永远闪耀在振兴中华的伟大业绩中。

罗云鹏同志 1910 年生于黑龙江省巴彦县一户殷实的农民家庭。他在天津南开中学读书时，开始接受马克思主义，在共产党的领导下，积极参加学生运动，成为一个关心祖国命运，拥护革命的进步学生，并逐渐成长为学生领袖。经过实际斗争的艰苦锻炼和严峻考验，1931 年他光荣地加入了中国共产党，并担任了党支部书记，从此在党的领导下，为革命奋斗不息，勇往直前。

罗云鹏同志 1932 年从南开中学毕业后，开始了职业革命家的生涯。他化名张西平，先后担任反帝大同盟天津市委党团书记，中共天津市委秘书长等职。1933 年他考入北平大学法商学院学习政治经济学，同时参加中共北平市委宣传部工作，一面从事党的地下斗争，一面读书。

1935 年，卖国的《何梅协定》签订，党领导下的"一二·九"学生运动爆发了。罗云鹏同志参加了这次运动的领导工作，并始终站在斗争的前列。1937年抗日战争全面爆发后,党指示罗云鹏同志离开北平大学,奔赴他日夜向往的革命圣地延安。1938年初,党组织派他担任中共甘肃工委副书记,于是罗云鹏同志便从延安来到兰州。当时,我担任中共甘肃工委书记,我们的战斗友谊即从这时开始。

罗云鹏同志的到来,加强了中共甘肃工委的领导工作。当时,日本帝国主义的铁蹄践踏着祖国的山河。在震惊中外的"西安事变"和平解决后,蒋介石被迫停止了内战,接受了中国共产党提出的抗日救亡主张,形成和发展了全国抗日民族统一战线,抗日的烽火燃遍全国。甘肃人民的抗日热情很高。在党中央和驻兰州的代表谢觉哉同志的直接领导下,中共甘肃工委和八路军驻甘办事处密切配合,秘密地领导着甘肃的抗日救亡运动。在团结抗日、改革政治、发动群众的口号下,在工人、城市劳动群众和青年知识分子中开展工作,组织各种进步的群众团体,进行抗日救亡宣传活动、发行进步书刊、报纸,宣传党的政治主张,提高人民群众抗日救国和争取民主的思想觉悟,甘肃的抗日救亡运动出现了一派大好形势。

这段时间,中共甘肃工委各方面所取得的显著成绩和罗云鹏同志的重要作用是分不开的。他对加强党员的理论教育和思想建设、组织建设非常重视,给工委制定了学习制度,组织同志们学习马列主义理论书籍和党的文件。他主编的工委党内刊物《党的生活》对提高甘肃党员的理论水平和斗争水平,对甘肃党的思想建设和组织建设起了很好的作用。他还十分注意在农村建立基层组织,壮大党的力量,经常深入农村指导工作。

罗云鹏同志是早期投身革命的知识分子,在学生时代,他刻苦攻读,博览群书,受到革命思想的启迪,立志献身共产主义事业。他向书本学,向群众学,在实践中学,在艰苦的革命斗争中,始终没有放松学习,他善于集中群众的智慧,善于从实际出发,走到哪里,就在哪里发挥一个共产党员的作用,他的内心蕴藏着极大的革命热情,对工作,对同志倾注着满腔热忱;他虽然是大学毕业生,革命资历较长,又担任着重要职务,可是,他对人却十分和蔼可亲,平易近人,十分诚恳。他作风民主,生活俭朴,对于那时还处于落后状态的西北城市兰州,对于地下工作的艰难困苦,他都毫无怨言,自觉地为党工作。

罗云鹏同志为甘肃的革命事业作出了重要的贡献!

不幸,中共甘肃工委机关遭到敌人的破坏。1940 年 6 月 6 日,罗云鹏和李铁轮、林亦青三人同时被捕。不久他的爱人樊桂英同志连同出生才八个月的女儿和甘肃工委秘书赵子明同志也一同被敌人逮捕。

罗云鹏同志身陷囹圄,受尽折磨,但始终保持了一个共产党员的高尚革命情操和革命乐观主义精神,坚信革命一定会胜利。面对铁窗,他鼓励同志们说:"开展斗争肯定有不少困难,甚至要有牺牲,但是我们应该相信,只要有党中央、八路军、新四军,革命一定会取得胜利,为了解放劳苦大众,为了我们下一代,多少先烈献出了宝贵生命,我们吃一点苦又算什么呢?要经得起,顶得住!"

为了揭露敌人指控被捕的同志是汉奸而加以迫害的阴谋,他庄严向敌人宣布自己是中国共产党党员。"是为了救国,是无罪的。"虽然暴露了自己,却保护了同志。对他这种自我牺牲的精神,狱中的同志们非常钦佩。在被囚禁的六年中,他始终没有放弃共产党员的斗争精神,没有忘记党的任务。他在狱中组织党小组,发挥党组织的战斗堡垒作用。他团结、帮助、关怀难友，教育他们接受中国共产党思想，发动大家，利用一切机会，采取灵活的方法，与敌人进行斗争，以共产党员大无畏的气概公开揭露国民党顽固派假抗日真反共的阴谋，斥责他们背叛孙中山先生的革命的三民主义，打着抗日的招牌，干着反共反人民的无耻勾当，是破坏抗日民族统一战线的罪魁。

凶恶的敌人用惨无人道的酷刑来摧残罗云鹏同志，施用坐老虎凳、压杠子、悬梁拷打等肉刑，还扬言要用麻袋把他装起来投入黄河，企图以死来动摇他的革命意志，使他屈服。在一次审讯中，敌人给他纸笔，说："如不怕死，你就签字。"罗云鹏同志毫不犹豫地接过纸来，挥毫疾书："共产党员罗云鹏不畏牺牲！"在生与死的关头，他泰然自若，刚毅坚强，毫不动摇，表现了一个共产党员的高贵品质。

在狱中，他还勇于剖析自己的缺点和不足，回过头来冷静地检查工作中的得失，总结经验教训。他说，由于自己工作中的失误，使几位同志被捕，给党造成了损失。他非常痛心，表示只有加倍努力工作，才能弥补损失，他这种严于律己、勇于自我解剖的精神，也是十分可贵的。

1946 年 2 月 22 日晚，坚强的共产主义战士，中国人民优秀的儿子罗云鹏同志被敌人杀害了。面对敌人的屠刀，他昂首挺胸，镇定自若，胸怀坦荡。用鲜血和生命迎来了中华人民共和国的诞生。

罗云鹏同志的一生是革命的一生，战斗的一生。从学生时代起他积极投身革命，在那风雨如晦的日子里，他革命的目的是为人民"求解放"，没有任何"功名""利禄"的追求。相反，他乐于用自己的生命为革命开路，把一切献给人类最壮丽的解放事业。毛泽东同志说："这些人不要自私自利，不要个人英雄主义和风头主义，不要懒惰和消极性，不要自高自大的宗派主义,他们是大公无私的民族的阶级的英雄,这就是共产党员、党的干部、党的领袖应该有的性格和作风。"罗云鹏同志堪称这样的党的干部。他那崇高的毫不利己的革命情操和纯洁的品质,永远是每一个革命者学习的榜样!

《罗云鹏传》的出版是一件十分有意义的事情。今天,我们缅怀罗云鹏同志,就要学习他那崇高的品德和革命的精神,特别应学习他那为革命大义凛然,从容就义,勇于献身的精神。我们应发扬党的优良传统,在党中央的领导下,自力更生,艰苦奋斗,开拓前进,为实现党的十二大提出的宏伟目标,把我国建设成为现代化的、高度文明、高度民主的社会主义国家而贡献自己的一切力量。

孙作宾

一九八四年七月

序二

　　黄河之滨·金城兰州自古以来就因其特殊的地理位置，成为"屏障中原、襟带万里"的战略要地。在中国共产党带领全国各族人民为争取民族独立、人民解放而斗争的光辉历程中，这片因黄河而生、视黄河为魂的热土，承载着一段段波澜壮阔的峥嵘岁月，见证着一件件可歌可泣的英勇事迹，矗立着一个个视死如归的高尚灵魂。中国共产党的忠诚战士、中共甘肃工委副书记罗云鹏是其中值得我们永远铭记的革命英雄。

　　2020年是全面建成小康社会、实现第一个百年奋斗目标的决胜之年，在这个具有里程碑意义的特殊年份，在中共兰州市七里河区委党史办公室的组织下，由甘肃省中共党史人物研究会原副会长、西北师范大学教授范圣予和罗云鹏之女罗力立合著的《黄河在召唤——罗云鹏传》付梓出版。全书以贯彻落实习近平总书记关于"讲好党的故事、革命的故事、根据地的故事、英雄和烈士的故事"重要指示精神为出发点，以"还原真实历史事件，展现人物真情实感"为创作理念，真实完整地记录了在抗战时期中共甘肃工委中以罗云鹏为代表的革命英雄事迹，生动形象地再现了他对革命理想的坚定信仰、对党的无限忠诚，在民族大义之间，毅然决然地做出了壮丽的人生抉择，彰显着视死如归的革命精神、闪烁着无产阶级革命战士所特有的人性光辉。

罗云鹏同志1910年出生,1940年被国民党逮捕入狱,1946年遇害,年仅36岁。他的一生短暂而壮丽,从早期的成长到后期的求学,从南开中学接受革命启蒙到组织革命活动,从开展职业革命到参加"一二·九"运动,从延安党校学习到派任甘肃工委副书记,从甘肃宣传抗日救亡到被捕入狱直至牺牲。本书并没有扁平化、概念化的叙事,而是将革命英雄进行了立体化塑造,在立足史实的基础上,从人物性格与时代特点出发,将历史细节予以真实还原,将历史事件再一次详细注释,将革命者的崇高理想和英雄气概在具体可歌可泣的事件中呈现,赋予历史以温度,使作品真实性与艺术感染力兼备。同时,罗力立作为烈士之女,在襁褓中随父母一起坐监牢,幼时就受到革命熏陶,中华人民共和国成立后,她又与早期的革命前辈保持密切往来;范圣予教授早在20世纪80年代就走访亲历者、见证者,广泛收集资料。两位作者以历史参与者和见证者的身份,增补了作者与罗云鹏生前战友在新中国成立之后互动的内容,详细记述了这些前辈对英雄后代无微不至的关怀,读来令人动容,既从侧面反映了罗云鹏同志的高尚人格与英雄气节,又将历史与现实联结起来,增强了时空穿透力。

中共兰州市七里河区委、区政府高度重视本区党史研究工作,充分发挥"以史鉴今、资政育人"的作用,区委党史办公室积极对本区的党史资料进行征集研究,该书是继《雷坛河的记忆》《王学礼传》之后我区党史研究的又一新成果,也是兰州党史人物的精品力作。我们要抓住该书出版的有利契机,深入挖掘整合全区红色资源,努力打造独具特色的"不忘初心、牢记使命"主题教育实践基地,大力开展革命传统和爱国主义宣传教育,以直抵人心的方式,教育引导党员干部从党的历史中找寻初心、激励使命,把初心和使命变成锐意进取、开拓创新的精气神和埋头苦干、真抓实干的原动力。

谨此为我们伟大的中国共产党成立100周年献礼。

中共兰州市七里河区委员会

2020 年 10 月

目　　录

附　录

引 子

　　蓝天，白云，奔腾的黄河自西向东穿城而过，座座形态各异的桥梁飞架南北，蔚为壮观；两岸绿荫丛中的群雕和古朴的水车，别具特色；南北两山上的阁楼和白塔，遥相呼应，交相辉映。这就是我国唯一一座黄河从中穿过的省会城市——美丽的兰州。

　　黄河的南岸，皋兰山沈家岭山脚下的华林坪上，坐落着宏伟、肃穆的兰州市烈士陵园。这里绿树成荫，花香满园，松柏常青。浮雕环抱着的洁白的烈士纪念碑拔地而起，"人民英雄永垂不朽"8个大字在阳光照耀下，闪烁着金色的光辉。纪念碑的西边不远，一座纪念亭矗立在松柏、花草之中。碑文告诉人们：这里是满腔热血洒在中华大地的中共甘肃工委副书记罗云鹏同志安息的地方。

　　古丝绸路上的重镇，西北交通枢纽兰州，有着悠久的历史。在她的历史上，有许多美

兰州市烈士陵园

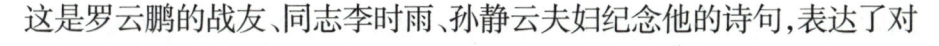

李时雨

好的传说,有许多可歌可泣的事迹,有许多壮丽的诗篇。而中国共产党领导甘肃人民为争取自由解放所进行的斗争,则是这部历史中具有划时代意义的光辉篇章。罗云鹏同志的革命业绩,又是这光辉篇章中特别值得纪念的一页。

革命壮志尚未酬,

临危不苟可抛头,

诚心竭力作忠仆,

怒目横眉对恶仇。

蕞尔人生难千秋,

凛然气节千古流,

云鹏烈士永安息,

后继纷来吊古丘。

这是罗云鹏的战友、同志李时雨、孙静云夫妇纪念他的诗句,表达了对烈士永远怀念的心情。

一　走出家门

　　罗云鹏原名张会璿(璇),乳名宝权,由于他对宋代哲学家、思想家张载的敬慕,上中学时改名为张敬载,在平、津、沪一带从事革命活动时又改名张西平,党派他到甘肃以后,化名罗云鹏。因此,在甘肃很少有人知道"张敬载""张西平",更无人知道"张会璇",而"罗云鹏"这个名字,却深深地印在人民心中。

　　罗云鹏祖籍河北省顺天府丰润县,祖辈于清代咸丰年间,逃荒到黑龙江省巴彦县。"巴彦"是满语巴彦苏苏的演变,是富人居住地方(富庶的地方)的意思。这里是著名的东北大平原中的松辽平原的一部分,位于松花江北岸小兴安岭脚下,森林茂密,草原丰美,遍地是一把"可以攒出油来"的黑土,但却长期人烟稀少。咸丰九年,清政府开始在这里放荒招垦,罗云鹏的祖先,便去了巴彦县西北百余里的兴隆镇黄家店,靠开荒种地、开一小店维持生活。随后迁至四合泉屯,稍有积蓄后又搬到大房身村(现为兴隆镇大房身村),在这个一马平川的大荒草甸子里,占荒一片共约300多垧(东北每垧约合15亩),逐年垦殖,渐渐兴盛起来。田地除自种四五十垧外,还招有一些榜青户和长短工,发展成了地主。到罗云鹏父亲张玉君这一辈时,家中除了300多垧土地外,还有一砖到顶的房屋四五十间,骡马牛十多匹(头)。除自家住一座28间房屋的四合院和自种一部

罗云鹏烈士的父亲张玉君

分土地外，其余房屋、土地均向外出租，成为当地数得着的殷实大户。

1910年，罗云鹏降临到人间时，成为这个家庭中的长子长孙。

罗云鹏的父亲张玉君，守着万贯家产却极为节俭、吝啬，上街赶集自带干粮，宁愿饿着肚子跑十几里路回家吃饭，也不肯在饭馆吃点东西；对家中人抠得也很紧，吃土豆连皮也不准剥。当地群众都称他是"守财奴"。在张玉君的心目中，只有土地、房屋、金钱，什么读书、文化，根本没有地位。因此，他不愿花钱供子女读书，总想以自己的模式，把罗云鹏培养成他的接班人。他常说："我不识几个字，还不是当了这个家。等孩子们大一些，读两年书，能算个账也就行了。"

"宝儿是老大，我要靠他当家立户，支撑门庭，书读多了，就会远走高飞的。"

所以，罗云鹏长到学龄时，不但没能上学，反而被父亲指使着和同村的孩子们一起，到广阔的荒草甸子放猪去了。张玉君本想这样可以少雇一个帮工，省点钱，可没料到，这却成为罗云鹏从剥削阶级家庭脱胎而出的开端。

东北土地辽阔，村、屯周围的那些岗子地、低洼地，长期无人耕种，长满了杂草、野花、小树，低洼处长年积水，当地人称之为荒草甸子。罗云鹏和穷苦孩子们就在那里放牧牲畜。他们整天混在一起，摸爬滚打，他乐小伙伴们之乐，忧小伙伴们之忧；还常听放猪的贫农大伯讲述那人间的不平。两三年

罗云鹏烈士的母亲张冯氏

的接触中，罗云鹏开始懂得了劳动人民的疾苦，加深了他和劳动群众的感情。他性格刚毅，又很理智，通情达理。一般说来，有钱人家的孩子，常会因家中富有而产生优越感，仗势欺人，蛮不讲理，而罗云鹏却从不欺负别人，甚至自己受委屈时还能克制感情，宽恕别人。

有一次，他和孩子们一起在荒草甸里放猪，一个大孩子捉住一只青蛙无处可放，偷偷扣在罗云鹏的鞋里。傍晚回家时，罗云鹏去穿鞋，青蛙跑出来，跳到水里不见了。那孩子仗着年龄大，打了罗云鹏一顿。别的孩子十分不平，对罗云鹏说："回去告诉你爹，找他算账！"那孩子怕了，连忙哄着罗云鹏并问道："宝权，你回去告不告？"罗云鹏擦着眼泪摇了摇头。由于罗云鹏非常忠厚、正直、讲道理，对人很有礼貌，因而，大人孩子都很喜欢他。

直到九岁那年，罗云鹏才进入本村一所私塾读书。他非常爱学习，成绩很好。两年后，在祖父和姑妈的坚持下，家里又送他到四合泉村孔繁文先生办的私塾读书。四合泉村离大房身村并不太远，又是罗云鹏祖母的娘家，祖母家姓蒋，罗云鹏寄居在这里。孔繁文年纪较轻，思想比较活跃，所以，这所私塾的教学内容和一般私塾不同，除背诵"四书""五经"等外，老师还给学生介绍一些历史上著名的哲学家、思想家、教育家，讲一些历史故事。罗云鹏对这些知识产生了浓厚的兴趣，对他的思想产生了很大影响。他学习成绩好，年龄又比较大，在同学中很有威望。孔繁文先生也非常器重他，当自己因事不能讲学时，就指派罗云鹏带领学生学习。

罗云鹏老家旧照

四年中,罗云鹏学识长进很快,老师和亲友们都认为他定会有很大作为,希望他继续深造。

1925 年,在中国共产党的领导下,工农群众革命运动不断高涨。5 月 15 日,上海日资内外棉纱厂工人,因抗议厂方无理开除工人举行罢工,共产党员顾正红被日本资本家枪杀,十余人被打伤,激起上海人民的无比愤怒。棉纱厂举行了 2 万多人大罢工。5 月 30 日,上海各界 2 千多人在公共租界举行了反帝大示威,遭到英国巡捕开枪镇压,打死 11 人,重伤 11 人,50 余人被捕,造成"五卅惨案"。全国各地人民积极声援上海工人的反帝斗争,形成了全国范围的反帝斗争高潮。黑龙江省省会齐齐哈尔的群众也举行声援活动,省立一中的学生站在斗争的前列,举行了示威游行。这些活动使反动当局十分惊慌。督军兼黑龙江省省长、土匪出身的军阀吴俊升(外号吴大舌头)命令镇压。军警逮捕了许多游行的学生,把他们捆绑起来,强行押送回家,又下令解散了省立一中。中断了学习的一中学生,有的奔赴北京①、天津继续求学,有的回到家乡。

这时,在齐齐哈尔一中二年级读书的李时雨被迫回到巴彦县家乡。他的家乡离四合泉村仅 4 里路,因为孔繁文原是他的同学,两人感情很好,常有往来,早在两年前李时雨在绥化中学读书时,每逢假期回来,总喜欢到四合泉私塾玩。他发现罗云鹏学业成绩好,文字流利,思路敏捷,又写得一笔好字,加之与罗云鹏有些亲戚关系,所以,两人很能合得来。这次回家后,为了防止学业荒废,便到四合泉借用私塾温习功课,和罗云

---

① 1928 年北伐军攻占北京后,6 月 21 日,国民党中央政治会议决定将原北京改名北平特别市,8 月 21 日北平特别市成立,1930 年 6 月改为了院(行政院)辖市。1949 年 9 月 27 日中国人民政治协商会议第一届全体会议决定中华人民共和国定都北平,并将北平改名北京。

鹏接触得更多了。李时雨经常给罗云鹏介绍在外面的所见所闻,从"五卅"运动的发生谈到帝国主义如何侵略中国;从军阀镇压群众谈到军阀各派之间的混战,进而谈到国共合作反对军阀;从省立一中的学习与生活谈到青年学生的反帝反封建斗争。这里距离巴彦县120里,交通又不方便,连张报纸也很难见到,消息十分闭塞。李时雨说的这些讯息对罗云鹏来说都是陌生的、新鲜的。罗云鹏被这些"新鲜事"吸引住了。他想,李时雨比自己只大两三岁,可是知道的事情却是那么多,自己怎么就不知道呢?他知道这是李时雨在省会大城市上学才见广识多,因此,十分羡慕李时雨,多么希望也能去省城的新式学校读书啊!他把自己的想法告诉了李时雨和老师孔繁文,得到两人的大力支持。

父亲能够同意吗?这是一个十分关键的问题。李时雨、孔繁文答应帮助罗云鹏说服父亲。老师对儿子的赞扬,亲戚又介绍了省城学校的好处,从各方面说明应该送罗云鹏去省城学习。父亲平时早就有所耳闻,知道儿子很有才华,酷爱学习,学习下去必有前途,只是舍不得花钱。现在老师和亲戚都来动员,父亲的心动了,觉得儿子这么有才,到外面读几年书,见见世面,如果将来能够当官,也可光宗耀祖。便答应了儿子的请求。

罗云鹏是何等的高兴啊!现在他总算可以走出了家庭的小天地,即将走上新生活。未来的生活使他浮想联翩,他立志努力学习,把自己造就成为一个为国为民的有用人才。宋代哲学家、思想家张载,曾立志要"为天地立心,为生民立命,为往圣继绝学,为万世开太平"。罗云鹏很是敬佩,从此,便改名为"张敬载"。

1926年春,齐齐哈尔省立第一中学复学时,罗云鹏高高兴兴地和李时雨一起,到省城读书去了。

二　学生领袖

从偏僻的乡村乍到繁华的齐齐哈尔,许多事情对罗云鹏来说都是生疏的、新奇的。生活方式、生活环境、学习内容等等,都和农村大不相同,不过这些很快就习惯了。只是有许多社会现象,特别是人与人之间的那种复杂的关系,对于这个十六岁纯朴的农村青年来说,是很难理解的。他把这些归结为自己知识太浅薄的缘故。因而,罗云鹏便埋头读书,如同久旱逢甘霖的禾苗,尽力地吸收着营养和水分,更加努力地去追求新知识。

1926年夏天,是学校放暑假的时候了,北京、天津的学校,由于高温天气来得早,暑假也比黑龙江的学校早一些。上一年,齐齐哈尔一中因闹学潮被解散后,有些省城的学生到京、津一带求学,有几个考入天津南开中学的学生,这时回到齐齐哈尔,来母校看望师长和学友。他们向大家介绍了南开中学的学习和生活情况,介绍京、津一带的所见所闻,使求知欲望十分强烈的罗云鹏、李时雨非常向往。学期刚结束,罗云鹏、李时雨约秦德贵、于自民共四人,一同毅然前往天津,投考南开中学去了。

到达天津时正值暑假,入学考试尚未开始。几个人正愁无处可去,正好南开中学举办暑期补习班,既为学习成绩差的学生补习功课,也为准备报考南开中学的考生温习功课。罗云鹏他们便进入这个补习班学习,准备迎接考试。

南开中学是所中外著名的中学，因此，慕名来投考的学生很多，而且多为富家子弟。罗云鹏的穿戴，在天津这个全国数得着的繁华商埠里，简直是"土里土气"的"乡巴佬"，被那些公子哥们看不起。然而，这年夏天，经过考试，罗云鹏却凭着自

原天津南开中学校门

己的勤奋和才华，在众多的考生中名列前茅，插班进入南开中学初中一年级。

南开中学于1907年由其前身"私立中学堂"（1904年10月17日成立）改名以来，学校规模不断扩大。进入南开中学，给人的第一印象就是整洁、美观、秩序井然，使人不由产生肃然起敬之感。这里有宽敞的教室，整齐的校舍，有喷水池、花坞、回廊，还有能容纳一千多人的大礼堂，操场也非常开阔，仅足球场就有4个。图书资料仪器设备，也比较丰富齐全。南开中学采取三三制，就是中学读完六年才毕业。校长张伯苓教学十分严格，对所聘教师要求很高，不仅看资历，更重视人品和能力。他对于学生的学业和品行要求十分严格，提倡"镜箴自鉴"，在教学大楼、办公大楼正对大门处树立一面大的镜子。镜框上镌有箴言："面必净，发必理，衣必整，纽必结；头容正，肩容平，胸容宽，背容直；气象：勿骄，勿暴，勿怠；颜色：宜和，宜静，宜庄。"这四十字箴言，具有鞭策学子端正仪容、涵养气质、树立精神、完善人格的育人功能，对于南开学子的成长影响至深。

在如此优越的学校中读书，罗云鹏感到十分满足，他铆足了劲，投入

紧张的学习生活中。然而,罗云鹏在南开的学习生活却是十分不易的。按照父亲的想法,让儿子到省城去开开眼界,见见世面,读两年书就回家。现在罗云鹏事先不打招呼,竟远走高飞跑到天津去了。父亲自然十分生气,经常不寄钱来,想以此迫使罗云鹏回家。学业上的紧张,对罗云鹏说来并不可怕,经济上的困难的确给他造成很大的压力。但他并没有屈服,为了坚持学习,他一面在生活上更加俭朴,节衣缩食,吃饭时避免和有钱的同学在一起,经常躲到一边随便吃点;一面利用业余时间和假期,给一些功课差的校外学生补习功课,收些钱补贴学费,勉强维持生活。学习机会得来如此不易,使罗云鹏初到南开中学时,一心只想埋头读书。

南开中学是一所具有光荣革命传统的学校。1919 年 6 月,周恩来从日本回到天津便进入南开中学。当时,"五四运动"在天津方兴未艾,周恩来、马骏、邓颖超、刘清扬、郭隆真等,积极领导天津学生运动,并请李大钊同志来"觉悟社"①传播马列主义。这些革命活动对南开中学影响深远。继周恩来等之后,又有张致祥(管亚强)、林枫等一批共产党员、共青团员和进步青年开展活动。因此,南开中学学生的思想一直比较活跃。

罗云鹏进入南开中学时,正值北伐战争节节胜利,革命浪潮冲击着这所学校的时候。党团组织对这个衣着简朴、生活清苦的青年十分关怀。

---

①觉悟社是在五四爱国运动高潮中由天津进步青年组成的社团。周恩来是它的主要领导人之一。主要成员有邓颖超(文淑)、马骏、郭隆真、刘清扬等二三十人。觉悟社以"革心、革新"的精神,求"自觉、自决"为宗旨,提倡改造社会和改造思想相结合。积极领导学生的爱国运动,反对帝国主义和封建军阀。出版白话文刊物《觉悟》。觉悟社的成员大都站在学生运动和爱国运动的最前列,是天津学生运动的领导核心。觉悟社的许多成员在实践中接受俄国十月革命影响,接受马克思主义、共产主义世界观,走上了革命道路,先后加入中国共产党和社会主义青年团,成为革命的骨干力量。

经过一段时间的接触,发觉他为人正直、忠厚、纯朴,本质很好,便派共产党员林枫帮助他。林枫是黑龙江省望奎县人,在南开中学高中读书。他借老乡关系经常同罗云鹏接近,像大哥哥一样从各方面照顾他、关心他,给他介绍列宁著作《国家与革命》、高尔基的《母亲》等书刊,介绍国内外大事,讲解革命道理,传播革命思想,使罗云鹏思想觉悟很快得以提高。

1927年年初,南开中学学生在张致祥等人的带领下,成立了以共产党员、共青团员和国民党左派为骨干的学生自治会,向校方提出学生参加学校管理和改革学校现行的一些不合理规章制度的要求。罗云鹏虽然来校时间不长,对学校情况还不熟悉,但对学生自治会的成立却是欢欣鼓舞的,也常常参加一些活动。1927年,蒋介石公开背叛革命,密令清党,实行屠杀计划。4月12日,反动军队向上海各区共产党领导的工人纠察队进攻,2000多名纠察队员被缴械,300多人牺牲,500多人被捕,制造了"四·一二"惨案。"四·一二"惨案发生后,形势急转直下。在第一次国内革命战争失败后的腥风血雨中,许多共产党人、进步人士遭屠杀、受迫害。学生会的骨干中许多共产党员、共青团员及积极分子被迫离开学校。对罗云鹏起着思想启蒙作用的林枫,后来也离开了学校。这次学生会的斗争虽然失败了,但对罗云鹏却有很大的触动,对他那种"一心只读圣贤书"的思想是一次粉碎性的打击。党的教育,在他心中埋下了革命的火种。

第一次国内革命失败后,南开中学的革命活动虽然被反动派镇压下去了,然而,转入地下的党、团员在学生中仍然积极开展工作,在他们周围团结了一批进步青年。另外,南开中学的学生中,有一些华侨子弟,海外关系较多,他们通过各种渠道,从国外经常搞到一些如美国共产党办

罗云鹏（前排左起第二人）和南开中学的同学们。李时雨（二排右起第二人）、林枫（二排右起第三人）

的《新群众》、第三国际①办的《国际通讯》等革命的、进步的书报杂志，并了解各种消息。南开中学学生英语大都较好，可以看懂这些原版书籍。所以，这些革命书报在学生中广为流传。加上在南开中学附近有一些书店、书摊的书商们为了赚钱，常把一些大革命时期

发行的书，如《共产党宣言》《辩证法入门》《共产主义ABC》等，悄悄拿出销售，客观上也在南开传播了革命思想。这些因素，都使南开中学学生不断受到革命思想的熏陶，革命激情日益高涨。有抱负、有理想的罗云鹏，在这样的环境中，很快转变成为一个关心祖国前途和命运，积极拥护革命的进步学生。

思想的飞跃，给罗云鹏的行动注入了巨大的动力。他所具有的特点和能量被充分发挥了出来。他酷爱学习，善于思考，成绩一直很好，其中

---

①共产国际又称第三国际，是列宁创建的世界各国无产阶级政党的联合组织。俄国十月革命后，许多国家相继成立了共产党，为了领导无产阶级的世界革命，1919年3月2日，国际共产主义代表大会在莫斯科克里姆林宫举行，来自欧洲、美洲和亚洲的21个国家的35个政党和组织的代表52人出席会议，列宁主持大会。先后参加第三国际的有65个共产主义政党和组织。总体说来，第三国际在领导欧美无产阶级革命运动、促进亚非拉民族解放运动、支援第一个社会主义国家苏联反对帝国主义和法西斯主义、批判内部机会主义思潮、捍卫和传播马克思列宁主义等方面，起了重大的历史作用。随着国际共产主义运动的发展，原有的组织形式已不适应新的革命形势发展的需要，甚至影响了各党的独立自主和各党之间的平等关系。为了有效地组织各国反法西斯斗争，经各国共产党一致同意，第三国际于1943年6月10日正式宣告解散。

尤以文学最优，更喜欢政论方面的知识。开始，他的英文较差，经过一段时间的努力，很快就可以阅读那些流传在同学中的外文书报了。他善于思考，经常提出一些引人深思的问题，喜欢和好友曹京平（端木蕻良）、王兴让等一起谈论自己的抱负，探讨如何为国为民。当中

罗云鹏（后立左第二人）和同学们在天津西沽村

国共产党在南方领导人民进行革命、建立革命根据地的消息传来以后，他们非常振奋。根据地的革命斗争吸引着他们，他们兴致勃勃地议论着，向往有一天能投入革命根据地的斗争。罗云鹏老成持重，在他身上既有一般青年人朝气蓬勃的活力，又有一般青年人所不具备的沉着镇定的气度，遇事很有办法，因而，大家有事都愿和他商量；他朴实无华，对人十分诚恳，对于同学们所遇到的困难，总是尽力帮助；他虽然平时说话不多，但却善于演说和鼓动，1929年，他在全校高中演说比赛中，曾获第一名；他具有较强的组织能力，在功课十分繁忙的情况下，仍一直担任班级和学校中的一些社会职务。他担任过班级的青年委员，在学校学术观摩会中也担任着重要职务。当时，南开中学出版校刊《南开双周》，成立出版委员会。罗云鹏参加了出版委员会的工作，先后担任编辑股《短评》栏、《论说》栏和《东北研究》栏的股员。另外为了团结同学，研究问题，交流思想，他又在进步同学中组织了"读书会"，阅读"创造社"的作品，以及日本进步作家厨川白村等人的著作，定期座谈讨论，各自发表见解，十分活跃。

1931年夏，苏、皖水灾严重，罗云鹏（左第一人）和同学们一起为灾民捐款

他还组织同学关心时事，1931年夏，江苏、安徽等地，发生严重水灾，数百万人流离失所，他带领学生会成立"水灾救济会"，积极捐款，取得不错的成绩，在学校产生了相当大的影响。罗云鹏这些优秀品质和显著的成绩，使他在学生中的威信越来越高，并受到大家的尊重，成为学生领袖。同学们亲切地叫他"载哥"。

三　初露锋芒

　　1930年春,巴彦县在北平、天津等地读书的学生,先后收到家乡来信,控诉巴彦县县长翟星凡横征暴敛、欺压百姓的罪行。这个翟星凡是奉天省(现辽宁省旧称)省长翟文选的二弟,人称"翟二爷"。他依仗兄长的势力,在巴彦县胡作非为,贪赃枉法,动辄以通匪的罪名到处抓人,敲诈勒索,百姓怨声载道。罗云鹏的好几位同学的家长都曾深受其害。这件事引起了北平、天津等地的巴彦子弟的极大愤怒。在北平读书的李时雨写信和罗云鹏等人联络,共同研究、酝酿,准备进行一场控告翟星凡的斗争。这年暑假李时雨代表巴彦县留平(北平)学生会来到天津,与罗云鹏磋商具体办法。

　　"各地的同学都联络好了,利用这个假期闹他一场。天津情况怎样?"李时雨问道。

　　"天津方面的同学都坚决支持这场斗争。现在最主要的有两方面的工作,一是要大造声势,把群众发动起来,给省里造成压力,使他们对此事重视起来;二是要广泛调查、收集翟星凡的罪状,有了真凭实据就好办了。"罗云鹏说出了自己对这场斗争如何进行的想法。

　　"我们的想法是一致的,准备工作也做了一些,现在我先回县里做具体安排,同学们随后就来,天津同学能回去的尽量回去。"李时雨稍停了一下又说:"敬载,你还是不能回去吗?"

罗云鹏自从 1926 年离开家庭以后,几年来,一直没有回去,最主要的原因是经济拮据。每逢假期,他必须放弃旅游和外出玩耍的机会,去为别家子弟补习功课,以便筹集下学期的学费。李时雨深知罗云鹏的难处,没等他回答便说:

"你如能回去,我们当然会更踏实一些,不过,这次你还是不要回去吧,我们的人手也不算少了。况且,巴彦的斗争也需要外面的支援,你就留在天津,给予家乡的斗争以及时的声援。"

"我虽不能回去,我写信给家里,让家里支援你们,将来如在大房身活动,家里一定会给大家提供各种方便,斗争的情况希望及时告诉我。"

罗云鹏以巴彦留津(天津)学生会的名义,写了声讨翟星凡的檄文,历数了翟星凡的罪行。又发动同学赶写了大量的标语由回巴彦的天津同学到处张贴、散发。这些布告和标语,汇同留平(北平)、留哈(哈尔滨)等学生会的演说、宣传,立即在巴彦造成了一个讨翟、驱翟的宏大声势。这次斗争由于事先准备得充分,群众发动得广泛,事实俱在,铁证如山,翟星凡无法抵赖,黑龙江省省长万福麟不好袒护,只得在暑假结束后,撤销了翟星凡的县长职务。翟星凡被撤职后非常狼狈,巴彦群众准备哄他出城,在庙头纸活铺扎了一个大纸钱,一人多高,二尺多厚,打算放在城门口,让他从钱眼中钻过去,不料被他知道后趁夜溜走了。

驱翟运动的胜利,轰动了黑龙江省,影响很大,巴彦人民群众无不拍手称快。李时雨、罗云鹏、张甲洲等人发动和领导的驱翟运动,在巴彦县人民斗争的历史上,谱写了光辉的一页。

1931 年 9 月 18 日,日本侵略者为了摆脱经济危机的沉重打击,缓和国内阶级矛盾,实现其独占中国的野心,悍然发动了侵略我国的"九·一八"事变。国民党反动政府采取不抵抗政策,东北大片河山相继沦入敌手。为了拯救中华民族的危亡,中国共产党号召全国人民掀起抗日救国高潮。9月20日,天津《大公报》《庸报》等报纸,纷纷在头版头条发表有关"九·一八"事变的消息,引起天津人民极大震惊,各种抗日救国的群众组织相继建立。天津中等以上学校也于9月21日成立抗日救国联合会。鉴于南开校长张伯苓在教育界的威望,被公推为联合会主席。各校也纷纷成立抗日救国会。南开同学,特别是东北籍的同学,个个义愤填膺,群情激奋,强烈要求抗日救亡,自发地行动起来了。学校随处可见"勿因循,勿气馁,多难可以兴邦;要沉着,要坚毅,立志必复失土!"的对联。南开大、中、小学校取消迎校庆的所有文娱节目,改为军训,女生演习战场救护;食堂取消加餐,吃高粱米;一些同学首先组织了"刻苦团",约定一律剃成光头,每天不吃早饭,平时吃丙餐(食堂中的便宜饭菜),表示要牢记东北的沦陷,不忘国耻。东北的沦陷,使得许多东北籍同学的经济来源断绝。为此,张伯苓校长决定:免除东北籍同学的学杂费用、伙食等生活费,可向学校借贷。"九·一八"后,南开的中学部、大学部都有流亡的朝鲜学生,多时有二三十人,他们很多人具有鲜明的抗日民主思想;对于他们,书大半是免费的。"九·一八"后,东北流亡来津学生渐多,要求入学的登记者已有480多人,其中尚有300多人无法安置。南开大学、中学均已无法再插班。为解决这些学生学习,学校决定加开夜班,学生宿舍则借李公祠房舍安排。

一批思想进步的同学曹京平、罗云鹏(张敬载)、胡思猷、韩宝善、曹世瑛等成为南开中学学生刊物《南开双周》的编辑,使刊物内容焕然一

曹京平（端木蕻良）

新。第一期的封面画是曹世瑛仿照苏联报刊上的宣传画，绘制了一个工人站在被铁链捆着的地球上，高举大斧砍断铁链。（此封面画1932年年初被美共刊物《新群众》转载）；10月6日，《南开双周》出版特刊，扉页上以黑框、最大号黑体字很醒目地印着"纪念东北死难同胞"，同学们争相阅读。这些悲壮的行动，更加激起同学们对日本帝国主义的仇恨。

张伯苓校长（1876.4.5—1951.2.23）原名寿春，字伯苓，天津人，早年毕业于天津北洋水师学堂，后获美国圣约翰大学、美国哥伦比亚大学名誉博士，曾从师于美国教育家、哲学家杜威等，是我国著名的教育家。他把教育救国作为毕生信念，他向学生提出三问："你是中国人吗？你爱中国吗？你愿意中国好吗？"以此激励学生的责任感。提倡"公能"教育。他珍爱德才兼备的人才，与当年在南开读书的周恩来结下了深厚的友谊。周恩来认为，张校长在他的一生中是进步的、爱国的。他办学是有成绩的，有功于人民的。但是，作为他生活时代的知识分子，不可避免地有其局限性，他作为天津中等以上学校抗日救国联合会主席，曾代表联合会吁求政府向日本政府交涉。但又认为抗日是政府的事，要求学生埋头读书，反对学生参加社会政治活动，坚持执行旷课两小时扣期终考试总成绩一分的制度，每晚都由管斋教员检查学生自习，以此严格控制学生外出参加活动，引起了进步学生的强烈不满。

特别是10月30日，由天津学生抗日救国联合会组织的检查封锁全市日货的活动,原将特别一区的任务分配给南开中学学生担任。但是,当全市一致行动起来后,南开中学却未派人参加。同日,天津学生军进行大检阅,而拥有四百名以上学生军的南开中学又未前往参加。这两件事情引起天津各界抗日群众对南开中学的批评,也引起南开同学对学校当局的极端不满。

具有光荣革命传统的南开学生,怎能容忍这种情况继续下去? 一场新的南开中学学生运动爆发了。

下晚自习的铃响了。罗云鹏从西斋自己的宿舍走出来,径直向走廊的东端砖砌的拱形小门走去。曹京平、韩宝善、刘克夷、曹世瑛几位同学已经等在那里了。见罗云鹏走出小门,几个人装着到操场活动,一齐向西边网球场走去。平时,他们总喜欢晚自习后稍稍活动一下再就寝。而今天,他们却是为了一件重要的事来到这里。

来到双杠前,罗云鹏见周围没有旁人,便低声向这几位平时要好的同学说道:"'九·一八'以后,全国到处掀起抗日热潮,而我们南开的空气却如此沉闷。"

"一个检查日货,一个军事检阅,把我们南开的人丢完了。"曹京平气愤地说:

"学校用各种借口阻止我们参加救亡活动,今天办菊展,明天又开大中学生体育对抗运动会,分散我们的注意力,我们怎么办?"

原南开中学西斋学生宿舍

"同学中蕴藏着极高的爱国热情，'刻苦团'就是一个很好的说明。但是，这种自发的行动如果不加以支持、引导，难以持之以恒。我们应该想办法改变目前这种状况。"罗云鹏尖锐地提出问题。

"我看问题在于学生没有自己的组织，我们应该成立学生会，领导同学们进行抗日救亡活动。"曹京平说出了自己的想法。

"我同意！"

"我们想到一块去了。"

几个人取得了完全一致的意见。

"国民党中央党部曾规定，成立学生会要事先征得学校同意，这个问题如何处理？"罗云鹏对问题总是考虑得比较深入细致，现在又提出了这个至关重要的问题。

"我看先不管这些规定，成立起来再说。我们成立爱国的群众组织，怕什么？"

"学校现在虽然有九种委员会，可都受学校控制，哪个也不能真正代表学生的意见，这次我们一定要成立一个真正代表学生意志的组织。"

原南开中学大礼堂

罗云鹏觉得大家说得很有道理，便说道："那我们就这样决定了，明天咱们分头联络同学，进行准备工作。事不宜迟，越快越好！"

第二天晚自习以后，罗云鹏、韩宝善、曹世瑛、刘克夷、胡思猷、曹京平等人，凑在一间宿舍里,用毯子挡住门窗,认真地检查着成立学生会的各项准备工作,借助手电筒微弱的光亮,抄写学生会成立宣言。一切准备工作都就绪了。

1931 年 11 月 2 日早上,南开中学中楼门前,突然贴出了由罗云鹏、曹京平等十多人发起成立学生会的布告,决定当天上午第二节课后,在大礼堂召开学生大会。消息传开,同学们表示热烈支持。第二节课刚下,一千多名学生蜂拥而来,把礼堂挤得水泄不通。会议首先宣布全体肃立静默三分钟,为东北死难同胞致哀,一下使一千多人的会场变得鸦雀无声,十分肃静。主持大会的罗云鹏,向大家报告了开会目的,得到全体到会者一致赞同。吴博同学平时很喜欢写诗,此时他登上讲台慷慨陈词。大家愤怒地控诉日本帝国主义的侵略罪行和反动当局不抵抗政策。批评学校压制阻挠同学们爱国行动的错误,群情沸腾,许多同学痛哭流涕。这次会议开得十分成功,通过了成立学生会的决议,并由学生代表选举出学生会执行委员会。罗云鹏、曹京平、韩宝善、曹世瑛、胡思猷、于惠敬、徐高阮等担任执委。罗云鹏任执委会主席。11 月 4 日,又在范孙楼一〇五讲堂的全体学生代表大会上选举唐风都(唐永健)为学生代表大会主席。

学生会的成立,打破了南开中学政治空气长期沉闷的局面,把南开学生运动推向新的高潮。在罗云鹏、唐永健等人的带领下,学生会以极大的活力开展着各项活动。除了积极参加全市性的抗日救亡活动外,在校内也加强组织领导工作,

原南开中学范孙楼

把学校原有的几种委员会置于学生会的领导下；在学生中成立反日救国十人团，十人为一团，选什长一人，每十团选百长一人，要求团员加强团结，互相帮助，互相鼓励，互相督促，不买日货，勤于军训，克服散漫习气，使涣散的学生战斗化；编印宣传抗日的传单和日本帝国主义侵华史料，供同学们宣传时参考；成立了清查食堂账目小组，查了供教职员、学生一千多人进餐的第一食堂的账目，发现该食堂在节日时给校长、校董等人馈赠了上百元的礼品，而平时却一再克扣餐费。学生会解散了这个食堂，建立新食堂，广大师生非常满意，同时也促使第二、第三食堂改进了工作。学生会还组织同学义演，筹集款项，寄给东北的抗日将士，发动同学捐赠棉衣，送给从东北逃入关内的难民。

学生会之所以能够很快取得成就，当然是与罗云鹏、唐永健、曹京平等一批学生骨干的努力分不开的，但更重要的是中国共产党的领导和影响。当时，罗云鹏虽然还不是共产党员，但是，林枫离开南开后，党组织派黄彬经常和罗云鹏联系，使他的觉悟日渐提高，不断成熟。党的指示通过罗云鹏贯彻到南开学生运动中。

罗云鹏并没有满足于学生会取得的初步成绩。根据全国抗日救亡运动的不断高涨，要求学生会工作必须向广度和深度发展。有一天他主持召开学生会会议，就这个问题专门进行了研究。

"学生会应该组织活动，动员更多群众参加到抗日救亡运动中来。"

"我认为，目前各界同胞已经动起来了，而政府当局总想依赖外国，迟迟不见出兵。"

"中央政府应对当前的危险局势负责。"

同学们纷纷发表意见。

罗云鹏对于下一步行动本已有些设想,现在,大家的发言促使他的想法趋于成熟。他说:

"我完全同意各位的分析,日本帝国主义敢于如此猖狂,得寸进尺,是政府当局执行不抵抗政策的结果。现在平、沪等地学生到南京请愿者不少,北洋大学也在酝酿此举,我们也应该参加到这个行列中去,向南京中央政府请愿,要求坚决抗战。"

这个建议表达了与会同学共同的心愿,因而,南下请愿的提议被大家一致通过了。

罗云鹏进一步提出:"只有我们一个学校是不是显得势单力薄,应该联合兄弟学校共同行动。"

唐永健说:"最近中等以上学校抗日联合会要举行会议,我们把这个问题提出来。"

经过中等以上学校抗日联合会讨论,决定 11 月 9 日各校联合南下。学生会便立即组织同学,进行南下请愿的各项准备工作。

南下的组织准备工作进行得非常顺利,最后只有经费和伙食供应问题尚未解决。兵马未动,粮草先行。可是,校方对南下请愿一事原本是加以阻止的,解决经费和伙食自然更加困难。看来,伙食、经费问题成为南下请愿能否实现的一个至关重要的大问题了。

唐永健主持召开了全体住校学生大会,研究解决办法。同学们公推罗云鹏、曹京平、韩宝善、胡思猷为代表,去和校方进行谈判。

谈判是在校长办公室里进行的。

张伯苓开始坚决不允:"你们学生,责任就是好好读书,国事政府自有安排。"

"家乡沦陷,民族危亡,东北已在铁蹄之下,平津也朝不保夕,我们怎能安心读书!"代表们陈述着理由。

张伯苓仍然不允。

胡思猷利用其他代表发言的机会,回到在礼堂等候谈判消息的同学那里,扼要介绍了谈判的情况,全体哗然,要一起去找校方讲理。唐永健怕人多控制不住,出了乱子给学校找到借口反而坏事,说服大家再等一时,由代表继续谈判。

胡思猷回到校长室时,罗云鹏等仍在与校长讲理,只听张伯苓说:"你们不要想拿学校的钱,到南京去玩耍。"

胡思猷听了气愤地说:"校长,你平时教育我们要爱国,国家兴亡,匹夫有责。在国家民族危亡之际,我们青年人应该为国出力,你应该理解我们的心情,你平时不是也这样说吗?南下的决心已经定了,学校如果不允,我宁肯碰死在校长面前!"

"你算什么学生!"张伯苓虽然对胡适的这位亲侄子的作为十分生气,但却没有什么可说的。

"我就是你教出来的学生。"胡思猷反驳道。

在胡思猷从礼堂学生那里回来之前,学校其他行政人员,已将礼堂中学生们的情况告诉了张伯苓。在代表们据理力争下,校长沉默了。学生们极大的决心和正义行为,使校长后退了。

"这样大的事,我需要和同仁们商量一下。"校长说道。

对学生南下请愿的要求,张伯苓校长是矛盾的,他反对学生参加社会活动,加上国民党政府当局的压力以及为安全着想,他是不能同意学生南下的;但是,看到自己的学生有如此高涨的爱国热情,又很感动和自豪,觉得应该支持。在形势的逼迫下,学校终于同意了学生会的要求,批给南下经费两千元。同学们怀着胜利的喜悦,连夜帮助厨房蒸馍、烙饼、准备咸菜,一切很快办好了。

正当南下请愿即将成行之际,一件突然事件发生了。

1931 年 11 月 8 日,日本帝国主义为了达到其浑水摸鱼利用骚乱劫持寄居在日本租界的清朝逊帝溥仪离津,同时吸引中国军队的注意力,达到趁机攻占锦州的目的,由日本参谋部大特务土肥原贤二,伙同汉奸李际春、张壁等人,在天津网罗地痞流氓和吸毒的"白面鬼"两千余人,组成便衣队,进行暴乱活动,酿成了轰动一时的"天津事变"。便衣匪徒到处窜扰,进行破坏捣乱,社会秩序十分混乱,生产受到破坏,经常停水停电,搞得人心惶惶。由于南开中学积极开展抗日救国活动,这里便成为便衣匪徒们经常寻衅闹事的地方。学校上空经常流弹横飞,学生安全受到威胁,无法正常上课。

突然事变的发生,打乱了罗云鹏等人的计划,南下请愿只得暂时搁置。学生会把全部精力投入保护学校和学生的安全上来。罗云鹏、唐永健在学生中组织起"护校团",挑选身体健壮的同学,守卫在学校各重要部门和地段;指定原先在《大公报》社当练习生的曹世瑛和徐高阮日夜守候在电话机旁,保持与外界的联系,掌握社会动向。南开女中与南开中学相距有一段路程,所处位置比较偏僻,学生会便组织一批男同学把住校女生接到本校居住。便衣匪徒所造成的社会混乱,直接危害了英、美和国民党反动派统治阶层的利益,因而,天津驻军于学忠部组成保安队,镇压这伙匪徒。为了支援保安队和警察同便衣匪徒进行斗争,罗云鹏和同学们每晚做些面条等食品,送给在南开中学附近值勤的保安队士兵,激励他们与便衣队汉奸斗争。

11月12日，为了保证学生安全，由张伯苓和各方取得联系，南开学生八百多人，在数学教师张信鸿的带领下，到北平疏散。一部分走读生随父母离去，学校中留下来的就是罗云鹏、唐永健、张信达、韩宝善等一批学生会骨干和积极分子，以及为数不多的同学。

南下请愿壮志未酬的同学，现在又把这件事提到日程上。一支由数十人组成的精悍的南开中学南下请愿团很快组成了。他们刻制了图章，制作了佩带和旗帜，在唐永健、罗云鹏、胡思猷、韩宝善、张信达的带领下，整队通过戒严的大街，精神抖擞地登上火车，南下请愿去了。

学生南下请愿，在社会上造成很大的反响，引起各界的注意。国民党天津市党部和公安局，立即电告南京上司，通知沿途各地予以密切监视。当南开请愿团行抵山东济南火车站时，山东报界记者利用停车的时间，纷纷登车采访。请愿团的几位带队同学回答了记者们的问题，倾吐了希望国民党政府能以国家民族利益为重，进行坚决抗战的肺腑之言。第二天，济南各家报纸刊登了记者采访的报道。

迫于社会舆论的压力，国民党中央政府装出伪善的面孔，以"关怀"的姿态对待包括南开请愿团在内的一些请愿团。当罗云鹏一行到达南京浦口车站时，一个叫杨立坦的国民党党部工作人员接待了他们，带领他们渡江，安排他们住在金陵中学。

这时，国民党正在举行第四次全国代表大会。罗云鹏、唐永健等便决定先向代表大会请愿。队伍到达中央大学代表会会址时，于右任和黄慕松接见了罗云鹏、唐永健、韩宝善、胡思猷等五位学生代表。当罗云鹏等陈述了要求政府一致对外抗日，恢复民众运动等要求后，于右任表现出一副十分诚恳的样子，说了一番话：

"今日诸位在如此急风暴雨之下，有这样热烈的情绪来此作救国的请愿，这种精神，就是爱国心的表现，我们中国青年，有这样热忱，就是我们中华民族不会灭亡的证明。政府在接受诸位请愿

"九·一八"后，各地学生代表到南京请愿，要求对日宣战

后，对于诸位此种热烈情绪及所提各点，政府愿尽量接受。眼下正召开四次大会，定有结果，请诸位安心回去。"

对于这样的答复，大家并不十分满意。接着，唐永健、罗云鹏等决定把同学们分为三人一组，五人一队，分散活动，到大街小巷演讲宣传，控诉日本帝国主义的侵华罪行，诉说"天津事变"的实情，表达请求国民党政府出兵抗日的意愿。大家还利用各影剧院开演前或幕间休息时间，向观众演说。南开请愿团和其他请愿团的活动，在南京造成了相当的声势。

罗云鹏、唐永健一行在南京活动十多天以后，得知"天津事变"即将平息，南开学生陆续返校，将于11月底复课，便结束了请愿活动，返回天津。

南开中学学生会的成立及其活动，在社会上，特别是在天津各学校中产生了很大的影响，这就引起国民党天津市党部的注意。党部委员刘不同打电话给学校，认为学生会能够这样有效的活动，一定有什么背景，不可等闲视之。罗云鹏听到这一消息后，笑着说："不错，是有背景，我们的背景就是南开的革命传统，我们的背景就是抗日救国。"种种迹象表

明,一场严峻的斗争将会降临在学生会的面前。罗云鹏及时召集全体执委研究对策。

正如罗云鹏等人所预料的,一场短兵相接的斗争于12月中旬开始了。

当11月初南开学生会刚刚成立时,由于一些学生对学校阻止学生参加抗日救国活动进行指责,校长张伯苓曾召集学生会负责人开会,认为学生会的成立,不符合国民党中央关于建立学生自治会组织条例,事前没有征得学校同意,并且是在与学校不合作的情况下成立的,因此,应立即解散,停止活动。只是因"天津事变"发生,此事被搁置下来。现在,由于天津市党部的插手过问,12月16日,张伯苓又旧事重提,召集全体学生会议,提出要解散学生会。但是,学生会成立一个多月来,在罗云鹏、唐永健等的领导下,与同学们团结一致,甘苦与共,敢作敢为,真正代表了广大同学的意志,深受同学们的拥护和爱戴,大家一致反对解散学生会。学生会也于16日发表宣言,质问:"全国学校无论官私,皆有此项组织,并且也均为社会所承认,为什么唯独南开中学标新立异,要求解散学生会?"并宣布:"学生会将不负广大学生的委托,一如既往,奋斗到底"。面对学生会与校方僵持的局面,张伯苓校长以辞职相威胁,于17日开始不再到校办公。

校长的辞职并没有使学生屈服。由于学生会是在抗日救国的旗帜下进行斗争,有广大同学的支持,且有一个坚强的领导核心,因此,执委们决定对这次事件采取坚决抵制的态度。

12月16日下午3时,罗云鹏、唐永健等召开学生会执委和部分学生代表会议,讨论校长辞职后学生会的行动。与会同学情绪激昂,争先恐后发言,提出很多积极的措施。罗云鹏综合大家意见,为会议作出几项决定:一是维持学校正常秩序,17日继续上课;二是校长辞职,由学生会执委及教职员共同组成校务维持会,维持校务;三是由执委代表学生与校长谈判,要求校长解释学生会为何不合法;四是将南开校内发生的事件真相,在各大报纸上公布,争取社会各界支持。

然而,第二天,全校教职工因照顾与校长、校董的关系,表示不与学生合作,并宣布全体辞职。同时,高三年级有17人突然出来反对学生会。南开风潮的形势更加复杂。

罗云鹏等人懂得,在这种情况下,维持学校秩序,防止坏人破坏捣乱,避免被反动当局抓住把柄是头等重要的事。因此,学生会通过各班学生代表,组织学生按时到教室温习功课,不得自由行动;聘请部分高年级学生指导低年级学生学习;抽调部分同学组成卫护团,维持学校秩序,防止坏人捣乱。在罗云鹏主持下,学生会的学术股、体育股积极开展活动,组织有奖励的各种测验,开展篮球、足球和拔河比赛,学校秩序井井有条,对于反对学生会的少数学生,学生会发动大家用大字报与其辩论,使他们陷于孤立。学校的井然秩序,连公安局来校"视察"的人也觉得无懈可击。

12月18日下午2时,罗云鹏又在南开范孙楼接待室举行记者招待会,向全市各报记者十多人,介绍了南开学生会成立的经过、宗旨和活动等情况,说明这次风潮的真相,并组织记者在校内参观。这样一来,南开风潮真相大白于天下,得到天津各界进步人士的同情和支持。天津市抗日救国会、各校抗日救国联合会均派代表前往南开慰问,表示愿做南开学生后盾,希望大家坚持到底。这些声援,给予坚持斗争的南开学生极大的鼓舞,更加坚定了大家的信心。

南开风潮进入了白热化阶段,在天津产生了很大的反响,原先在幕后作梗的国民党天津市党部走上前台出面处理这件事情。起初,市党部向学生会发出训令,令其停止活动,企图施加政治压力搞垮学生会。12月19日,派市党部训练干事柳博我来到南开中学,找学生会负责人谈话。曹京平接待了他。

来人开始装出一副关心的样子说道:"兄弟叫柳博我,也是南开中学校友,对母校深表关切。"

曹京平明知他的来意,却故意问道:"先生今日光临有何贵干?"

"党部民字第四一三号训令你们接到了吧?你们组织学生会是不合法的,必须立即停止活动!"柳博我官腔十足地说道。

"我们组织学生会完全是为了同学本身的利益,为了抗日救亡,党部训令所述我们实难接受。"曹京平按照大家事先研究好的理由辩论道。

"我以校友的身份向大家进忠言,你们不要搞什么组织,学生会必须即日停止活动。否则一切后果将由学生会负责!"柳博我进一步威胁说。

"我们学生会的活动有哪一点不合法,有什么理由要我们停止活动。"曹京平依理相争,毫不让步。

柳博我恼羞成怒,摆出一副凶恶的面孔叫道:"你们不听,我要给你们一些好的瞧瞧!"

曹京平觉得必须打垮柳博我的气焰,便飞快地在一张纸条上写道:"载哥!十万火急,快来!快来!"派人去找罗云鹏。

罗云鹏闻讯后,立即赶来,和柳博我进行辩论:

"我们组织学生会,开展抗日救国活动是正当的,在民族危亡的现在,凡是中国人都应该支持我们。你既然是校友,更应该支持我们。"

"你们组织学生会事先不征得学校同意,不向党部申请许可,与人民团体组织方案不合,未遵守中央党部学生自治会组织条例。"柳博我以为这些理由学生会是无法反驳的。

然而,罗云鹏早有思想准备,针锋相对地说道:

"根据中国国民党政纲乙项对内政策第六条载,确定人民有集会结社出版居住信仰之完全自由权;中国国民党第一次全国代表大会宣言在民权主义之解释中有,凡真正反对帝国主义之个人及团体,均得享有一切自由及权利;国民会议通过的约法第二章十四条称,人民有集会结社之自由,非依法律不得停止或限制之。请问先生,市党部根据什么对我们组织学生会进行干涉?"稍停,罗云鹏接着说:"至于说不合人民团体组织程序的问题,请问先生,敝会自11月初成立前后情况已披露各报,当时市党部并未前来指导,现在事过月余,突然加以指责,是何道理? 查本市各校抗日救国团体之成立,均无事先向市党部申请许可之先例,为何唯独苛求于我? "

罗云鹏本来就善于演说,加上他做了充分准备,上面一席话,使柳博我惊呆了。他哪里想到,这个刚满二十岁的青年学生,竟能说出如此一番道理来。柳博我被驳得理屈词穷,但并不甘罢休,便说道:

"你们是受了别人的利用!"

罗云鹏毫不让步,严正地说:"组织学生会进行抗日救国,是全体学生的要求,出自学生自愿,我们没有受何任人利用。但是,任何人企图威胁我们、控制我们,那是绝对办不到的。"

罗云鹏的话一下刺中了要害。柳博我被驳得张口结舌。此时,学生会韩宝善等其他执委和许多同学也闻讯赶来。他们站在房门口和窗户下，给罗云鹏、曹京平等人助威。有的同学大声喊道："为什么不准我们组织学生会！"有的学生甚至挽起袖口，抡着胳膊，情绪非常激动，真有一触即发之势。

有广大同学做后盾，罗云鹏和曹京平在同学们的支持下，更是理直气壮。他们对柳博我说："你既然是南开的校友，我们给你留点面子。你自己看，是自己走呢？还是等着爬出去？"

处于学生包围之中的柳博我，生怕激怒了学生挨打，吓得失魂落魄，失口说道："我滚！我滚！"在一阵哄笑声中灰溜溜地走了。

这场斗争的胜利，更加提高了学生会在同学中的威信。

南开风潮的不断扩大，使市党部十分恼火，他们虽然采取分化瓦解、拉拢恐吓的手段，使少部分学生脱离学生会。但是，由于广大学生的爱国热情以及罗云鹏、唐永健、曹京平等人在群众中有较高的威信，学生会始终团结着大多数同学。教师们虽然迫于无奈集体辞职，实际上是同情学生会的。更重要的是学生会的斗争，得到天津各界的支持和同情，加之学生会十分注意斗争策略，市党部找不到任何把柄，如果继续僵持下去，对市党部和南开校方都很不利。老奸巨猾的刘不同，决定改变手法，早日平息这场风潮。

这天，刘不同找罗云鹏、唐永健等人谈话："根据我们的了解，你们的学生会组织与普通学校的学生会完全相同，活动也是合法的，唯独事先未向党部申请许可，手续不完备。现在你们应该补办一个手续，向市党部写一个申请，例行公事嘛！另外，你们的组织也不甚健全，可以宣布改组，这样就可以了。"

很明显,市党部已经从原来的立场退下来了。

对于这个问题,在学生会中引起了一场争论。有些同学坚决不同意改组;有些同学模棱两可,拿不准主意。但是,考虑到学生会今后斗争的需要,考虑到全体同学的学业和广大教师的利益,经过讨论,执委会决定答应进行有条件的改组。

"为了顾全大局,照顾各方关系,经过讨论,同意学生会改组。但是,校方必须答应我们的条件。"罗云鹏、唐永健代表学生会向市党部陈述了意见。

刘不同听到学生会答应改组,才松了一口气。急忙问道:"什么条件?"

"校方必须承认我们学生有组织学生会的意志权能与自由。"

对校长来说,要求解散学生会,只是为了维护南开中学那套传统的制度,并无什么特别的政治目的。宣布辞职时,也未想到会发生这样大的风潮,现在他感到事情十分棘手,早想找个台阶下来。因而,对于学生会提出的条件立即答应了,并决定12月28日复课。

在这场风潮结束之时,12月25日,学生会发布一项由曹京平执笔的《改组宣言》,由韩宝善宣读,指出:"……校长现既承认学生有组织学生会之意志权能与自由,则校长以前所持之未经学校允许一点已根本推翻,以前校长所持之改组云云,系依照校长意志酌加变更,现因校长已承认学生有组织学生会之意志权能与自由,则学生会之性质,当不容受任何方面之干涉或侵犯……今日所以改组者,非校长所指之改组也。亦非市党部所指之改组也,乃在校长承认原则后方才改组。在学生会自动改组未完成期间内,现有之学生会照常负责继续工作。"至于何时进行改组,宣言并未具体说明。

为时一周多的南开风潮,经过一番激烈的斗争过去了。这场斗争,学校当局和市党部都是色厉内荏,草草收场,而实质上则是以学生会的胜利而告终。

南开中学学生的爱国运动引起社会广泛关注,天津较有影响的《庸报》,从1931年9月至12月连续发表多篇报导,对南开中学学生会组织学生抗日救亡活动进行了具体介绍,产生了很大的社会影响。

这场斗争充分表现了罗云鹏等一批学生会骨干的组织能力和斗争艺术,也是一次锻炼和严峻的考验。党组织对罗云鹏进行了全面考察。就在这年,经黄彬同志介绍,罗云鹏光荣地加入了中国共产党,并担任南开中学党支部书记。从此,罗云鹏在党的直接领导下,为革命勇往直前,战斗不息。

风潮结束后,面对国碎家破的局势,不少同学不能安心读书了。学生中存在着许多想法,有的要到邹平搞农村运动;有的准备参军;有的决然离校,投入社会实践中去。原先的一些学生领袖,如曹京平、刘克夷、胡思猷、王兴让等先后离去。罗云鹏便继续担负着领导学生会的重担。他先后发展反帝大同盟盟员阎沛霖、陈宝诚等入党,和李水山等组成党支部,成为学生运动的领导核心。同时,又整顿和建立群众性组织,恢复了"东北研究会"。这个研究会,曾开展了不少活动,后来由于"天津事变"而中断,经过整顿和发展重新开始活动。罗云鹏和张信达、张玄等四人,还发起组织"九·一八"读书会,团结了一批积极分子,成为各项活动的骨干力量,使南开中学的学生运动继续向前发展。

1932年夏,罗云鹏从南开中学毕业。六年里,在这里学习了文化知识,参加救亡运动,受到锻炼,加入了中国共产党,成为他人生道路上的一段重要里程。他告别了南开,惜别了可亲可爱可敬的同学挚友,告别了谆谆教导他的师长,大步走向更加宽广的天地。

四　转战平津沪

罗云鹏离开南开中学后,开始了他职业革命家的生涯。他以学生身份作掩护,化名张西平,担任反帝大同盟天津市委党团书记。反帝大同盟是第二次世界大战前的国际反法西斯组织,由世界著名的民主人士宋庆龄、巴比塞、爱因斯坦等人,于 1927 年发起组织的,在比利时布鲁塞尔成立。目的在于联合各国民主力量及被压迫民族,反对帝国主义的奴役,保卫世界一切和平力量。同盟总部原设于德国柏林,后迁至苏联莫斯科。各国均有分支组织。在中国上海、天津、北平等大、中城市都设有市委等机构。此时,中国反帝大同盟响应中国共产党的号召,主要是动员和组织中国各界群众反对日本帝国主义侵略中国。

1932 年 7 月,中国反帝大同盟全国代表大会确定在江西中央革命根据地召开。党组织派罗云鹏作为天津市反帝大同盟的代表参加大会,准备先到上海,随后再组织进入根据地。罗云鹏带着天津人民的寄托,满怀激情地踏上征程。

"到根据地去!"这是罗云鹏梦寐以求的事,在南开读书时,他就和曹京平、王兴让等探讨过中国共产党领导的根据地,向往有一天能亲眼看看革命圣地。现在自己正在走向根据地的途中,那兴奋的心情是难以想象的。

到达上海后，罗云鹏按约定的暗号和党组织接上了关系，等待着向导的到来。在等待的日子里，他利用难得的空闲时间，学习了不少党的文件和材料。然而，1932 年 5 月，就在罗云鹏来到上海的前夕，蒋介石不顾民族的危亡，在第一、二、三次反革命"围剿"失败后，向革命根据地发动了第四次"围剿"。1932 年 7 月 14 日，蒋介石调集 30 万军队发动对鄂豫皖根据地的进攻。严密封锁根据地和外界的联系，致使各地代表难以进入中央根据地，致使反帝大同盟代表大会被迫停开。罗云鹏在上海滞留了一个多月后，根据党的指示又返回天津。眼看就要实现的愿望被国民党反动派破坏了，罗云鹏深感遗憾的同时，更加增添了他对敌人的仇恨。这次上海之行也使他开阔了眼界，武装了头脑，意气风发地又投入新的斗争中。

回到天津不久，罗云鹏被调到中共天津市委军委工作。他从未接触过军事工作，十分生疏，虽然尽力去做，却仍然显得难以适应。一个多月后罗云鹏被调到市委宣传部工作，较充分地发挥出了他的组织领导才能。时隔不久，市委秘书长调往别处，河北省委组织部又任命他为中共天津市委秘书长。秘书长的工作十分繁忙，加之党又处于秘密状态，工作面临许多困难，在中共中央北方局、河北省委林枫等同志的领导下，二十二岁的青年罗云鹏，满腔热情、朝气蓬勃、全身心地投入这一工作中去。

为了工作方便，中共天津市委决定，由市委组织部长出面，租用一处民房作为市委机关所在地，由组织部长及妻子住在这里作为党的秘密工作据点，组织上每月定期送去经费开支房租。1932 年冬，这处机关突然被敌人破坏，组织部长夫妇一同被秘密逮捕。敌人严密封锁了消息，在院内布置特务值守，准备进行更大的破坏活动。罗云鹏不知情况有变，第二天,他按照原计划去给组织部长送经费。

罗云鹏在大门口稍微停了一下,用眼的余光扫了一下院子墙头,只见接头暗号那根表示安全的竹竿仍然靠在那里,门半掩着。他推门走了进去,突然,从屋内窜出两个陌生男子向他走来。罗云鹏立即感到情况不对,但是已经晚了,便机智地喊道:

"请问,这是刘老板的家吗?"

两个特务不由分说扭住罗云鹏的胳膊,冷笑着说:

"什么刘老板,共产党,跟我走!"

罗云鹏此时已完全明白了,组织部长夫妇出事了,事发时没有机会放倒那根表示安全的竹竿。

"你们搞错了,我今年刚从南开中学毕业,托人找工作,听说刘老板这需要人,是不是走错门了?"

特务们根本不听他的解释,说:"错不错,到军法处就知道了。"

罗云鹏被捕了,被关押在天津军法处监狱。

军法处监狱关押了许多犯人,组织部长夫妇也关在这里。罗云鹏对自己的处境进行了分析,从他对组织部长夫妇的了解,肯定他们不会叛变革命。因此,他机智地编造了一套"口供",无论敌人对他进行怎样的审讯,他一口咬定,自己是南开中学刚毕业的学生,迫于生活,托朋友代找工作,不想走错了门被抓了进来。敌人虽用种种办法进行审讯,却找不出什么漏洞,又没有任何证据,只好暂且把罗云鹏关在狱中。

罗云鹏被捕后,组织、家庭、亲戚和同学们各方疏通关系,努力进行营救。正在北平上大学的李时雨,找到同学王文忠,王文忠又通过在原黑龙江省政府主席万福麟公馆工作的哥哥,疏通了天津警备司令;罗云鹏的父亲和五叔张玉书,也先后来到北平、天津花钱活动。到 1933 年春,日本帝国主义向华北进攻日益紧张,天津危急,国民党政府对在押犯人进行处理,一些案情较"轻"的可以保释。罗云鹏也被保释出狱,由家长领回"教育"。

罗云鹏出狱后,因组织已被破坏,一时与党失去联系,只得回家暂避一时,并准备根据情况,就近开展工作。

多年不归的罗云鹏回来了,成为地处偏僻家乡大房身村的一件新闻,家中和村子里活跃起来。父母弟妹十分高兴,两个弟弟和两个妹妹整天围在身边,哥哥长哥哥短地问这问那。他就趁此机会,教他们学习功课,练习书法,向家中人宣传革命道理,有时还带弟妹们在外面空场地上跳高跳远。左邻右舍特别是年轻人和附近的同学,川流不息、接踵而来,向他了解外面的情况。罗云鹏和他们一谈就是半夜。他还把带回的书籍报纸杂志等,介绍给大家阅读。

罗云鹏到家以后,深深地感到,久别的家乡发生了巨大的变化,已沦落在日本帝国主义的铁蹄之下,乡亲们受尽了日伪统治的欺凌,生活比以前更加艰难了。自己的家庭经济上虽然还不会有什么危机,但是却不时受到日寇、汉奸的欺凌。父亲的吝啬,不善交际的秉性,已使那些贪得无厌的汉奸们怀恨在心,加上他有着一个中国人的良心,不愿与日伪同流合污,日本侵略军和汉奸警察便常来家中寻衅滋事、敲诈勒索。

那年冬季的一天,下着小雪,几个警察从兴隆镇到张玉君家中。张玉君知道他们来此一定没有好事,用猪肉熬粉条、烙白面油饼进行招待。可是,他们临走时却把张玉君打了一顿,说他是"经济犯"。因为,按日伪规定,老百姓是不准吃细米白面的。警察走后,家人又发现大门口停放的一辆自行车不见了，只有雪地上两道弯曲交错的自行车轮印，伴随着乱七八糟的警察们的脚印伸向远方。

还有一次，张玉君因怕日伪枉加罪名，把自家原有的一支护身匣子枪扔到了井里，被别人告了密。日本兵和警察到家中要枪，张玉君闻讯躲了起来。日伪军就把五叔张玉书绑在井桩子上拷打，逼他跪在井沿上，并叫来孙井匠下井捞枪。孙井匠平时对张玉君虽有不满，但他却有着一颗爱国心，更痛恨日伪军。便借口井廓坏了，得换上新的才能下去，否则，下去后有被埋在里面的危险。孙井匠利用换井廓的机会，机智地把枪藏在井廓后面，躲过了敌人的搜查，才使张家免去了一场灾难。

乡亲们和家中的不幸遭遇，使罗云鹏体会到亡国奴的苦楚。同时，回家期间的所见所闻，又使他感到，包括自己家庭在内的封建剥削，使广大农民简直无法生活下去。随着时间的流逝，儿时那些在草甸里放猪的亲如兄弟的小猪倌们，现在不少人肩上已挑上了沉重的生活担子。阶级阵线使村中的劳动群众总是和自己有着距离，这使他感到苦恼。他痛恨家庭的剥削罪行，决心以实际行动，积极主动地去消除这种隔阂，缩小这种距离。晚上，他常到一些贫苦农民家中，坐在炕头上和他们拉家常；白天，他来到地头，一边帮着乡亲干活，一边给大家讲解工农群众要翻身解放的道理，播下了革命的火种。

罗云鹏还利用各种机会，劝说家庭放弃剥削。他对父亲说：

"将来的国家，是贫苦人民当家做主，我们不要得罪他们，现在要好好地对待他们。"

父亲不以为然地说："我们对长工、短工够好的了，还要怎样好法！"

"咱家要那么多土地、房屋干什么？分给穷人家一些，也不要收租了。

今后,家里宁可花十块钱买肉吃,再别花钱买土地。"

父亲听了生气地说:"供你读书都供出罪过来了,花了多少钱,供出了一个败家子。哪有把土地、家产白白送给别人的道理!"

可五叔、六叔(张玉勤)认为罗云鹏讲的话很有道理。此后,他们对待贫苦乡亲很好,从不克扣工钱,对贫苦人家的困难还经常予以接济。所以,有些富人说他傻,不会过日子,给他五叔起了个绰号叫"老不懂"。

一个多月过去了,罗云鹏惦记着党组织,惦念着战友们,向往着火热的革命斗争,准备要走了。父亲哪里肯放,提出了一桩使罗云鹏十分为难的事,要他立即结婚。

提起这门亲事,多少往事又浮现在罗云鹏的眼前。当年他寄居在四合泉村亲戚家读私塾时,出众的才华和人品,引得许多人家的关注,到张家提亲。后来由父亲做主,让罗云鹏和一个蒋姓地主家的女子订了婚。这个姑娘家中很有钱,男女双方家庭都很满意。

蒋姓姑娘小名叫"小鹅子",比罗云鹏大四岁,高挑的个子,缠脚,长得很俊俏,也很贤惠,远近闻名,是个不错的姑娘。而罗云鹏却因两人之间毫无感情并不同意。随着年龄的增长和思想成熟,他对这门亲事越来越觉得不合适。在南开中学读书期间,虽然家中多次催促他回家完婚,他都一再借故不归,有意逃避。罗云鹏二十岁那年,姑娘二十四岁了,家中更是催逼得紧。罗云鹏觉得长期拖下去也不是个办法,决定提出解除婚约,却遭到家庭的坚决反对。他又求助于在北平大学读书的李时雨。李时雨对罗云鹏非常支持,多方活动,想帮助罗云鹏说服双方家庭。李时雨的亲戚赵景龙留学日本,钻研造纸技术,在当地颇有些名望。李时雨写信给赵景龙,希望此事能得到他的支持。哪知赵景龙虽然留学国外,但思想仍很保守,在回信中写道:"假使张君为牧猪奴,恐对蒋女而有愧。"意思是说现在你们才念了几天书,就骄傲起来,看不起人家,这怎么可以,表示反对解除婚约。罗云鹏为此十分苦恼,有段时间,甚至把一些社会工作也放在一边。《南开双周》为此还发表了一条消息:"高二同学张敬载君,精明能干,热心公务。唯本学期竟将一切课外组织之中之职务,尽行辞退,据云为解决婚姻之故,云云。"不久,"九·一八"事变发生了,罗云鹏面对民族危亡,把个人问题抛到脑后,又积极投入抗日救亡斗争中去了。

现在旧事重提,罗云鹏当然仍不同意。除了以前的理由外,他更觉得,自己在外奔波革命,四海为家,被捕牺牲,在所难免。结了婚对人家姑娘也没什么好处。但是,此时的罗云鹏已是孤军作战,家中又早已做好结婚的准备,形成"逼婚"的架势。怎么办?强行离去,当然可以,但长期拖下去,对家庭对姑娘都不是负责的态度。经过一番考虑之后,罗云鹏作出了决定。

他对父亲说:"我在外面东奔西跑,没有一个回家的日子,结了婚怕耽误了人家姑娘,我的道理说了多遍,家里都听不进去。现在我答应下来,不过家里也得答应我的一个条件。"

"什么条件?"父亲问道。

"结了婚我马上就走!"

"唉!还是要走。"父亲叹道。

"爹,您不想想,日本鬼子连乡亲们都不放过,还能饶了我这个坚决主张抗日的人吗?"

父亲沉思一会,终于答应了。

婚事虽然很快就办完了,但是,罗云鹏借口这位姑娘腿上长了疮始终不和新娘同居,不是和长工住就是到旁边的旧碉堡中睡。他很快就离开家乡,重新踏上革命的征途。

几天后,家中收到罗云鹏寄来的一封信和一张报纸。报纸上登有罗云鹏的一则声明。声明宣称:由于和家庭意见分歧,从即日起,本人和家庭脱离一切关系。信中除劝慰家人之外,特别提出希望蒋家姑娘另找婆家,不必耽误终身。这是罗云鹏事先计划好的行动。他的家乡是日伪统治区,抗日分子的家属屡遭迫害惨杀。为了不致因为自己的革命活动使家庭受到株连,同时,也是为了摆脱封建婚姻的羁绊,罗云鹏才出此一举。后来,家人曾陪"小鹅子"到北平找过罗云鹏,由于日军侵占北平未果。几年后,这个深受封建婚姻之害的"小鹅子"不幸早逝了。

1933年初夏,罗云鹏回到天津,因市委已经转移,又辗转到北平,仍未接上组织关系。但他始终自觉地以党员的身份要求自己,在力所能及的情况下,为革命做些工作,参加了"左翼文化运动"。那时,党的早期活动家、中共"一大"代表李达在北平大学的法商学院任教,兼经济系主任。他用马克思主义的观点,讲授"政治经济学""社会学"(即马克思主义哲学)"社会进化史"和"货币学",还撰写了《社会学大纲》《社会进化史》《经济学大纲》等讲义,系统论述辩证唯物主义和历史唯物主义。许多进步青年慕名而来。1934年,罗云鹏也考入这里学习政治经济学。入校后,他与南开中学同学、挚友林枫相遇。林枫此时化名罗衡(即罗云鹏在延安所填表中的罗同志),在中共河北省委工作,任北平大学工学院党支部书记。以前,罗云鹏在天津市委工作时,因工作关系与他常有接触,罗云鹏被捕的情况和被捕后的表现组织上已经查清。在林枫的帮助下,罗云鹏恢复了组织关系,被派往中共北平市委宣传部工作。

1935年6月，国民党北平军事长官何应钦和华北日军司令梅津美治郎达成"何梅协定"，迫使国民党"中央军"撤出北平、天津和华北，日寇、汉奸在华北更加肆无忌惮，企图策动所谓"华北自治运动"。而国民党反动政府却一再屈服于日本的威胁，压制爱国运动。爱国青年学生早已积压了满腔怒火。中共中央率领红一方面军突破国民党军队的围追堵截，胜利到达陕甘革命根据地，振奋了青年学生的爱国热情和斗争信心。正当这时，发生的华北危机，更加激发了青年学生的爱国热情。在党的领导下，一场反对日本帝国主义侵略中国，反对国民党反动派反共内战、对日妥协投降卖国政策的伟大的"一二·九"学生运动爆发了。

中共中央北方局领导下的中共北平秘密组织①，是这次运动的直接领导者。罗云鹏也参加了这次运动的组织领导工作。在"一二·九"和"一二·一六"的游行中，他都站在斗争的前列。

"一二·九"运动时北平的游行队伍

12月9日那天，反动军警对游行的爱国学生进行镇压，许多青年学生被逮捕。由于罗云鹏在游行中的突出表现，警察对他非常注意。游行队伍被

①关于领导"一二·九"运动的中共北平地下组织的名称，1937年秋，罗云鹏烈士在延安填写的县团级以上干部调查表中称："……一直到一九三五年才恢复关系，任北平市委宣(传)部，'一二·九'的学生运动，我亲身参加北平市委领导责任。"但在有关中共党史研究单位的著作及相关当事人的回忆材料中，对领导"一二·九"运动的党组织的名称，有"中共北平临时工作委员会""中共北平临时市委"等不同称谓。为慎重起见，本传关于领导"一二·九"运动的中共北平地下组织的名称，称为"中共北平秘密组织"。

冲散后，两个警察便向罗云鹏追来，情况非常危险。这时，罗云鹏忽然想到李时雨家就住在附近的西四牌楼兵马司，便机智地一闪身，跑进了丰盛胡同，来到水大院李时雨家中。

"一二·九"运动时北平大学的游行队伍

"快！有尾巴！"罗云鹏一边脱着外面的长袍，一边对李时雨悄声说。

长期从事地下工作的李时雨立即明白发生了什么事。他以极其敏捷的动作，拿掉一张方桌上的简单茶具，顺手取出一副麻将牌，"哗啦"一声倒在桌上，并对爱人孙静云急促地说："快找妈过来！"

一两分钟后，罗云鹏已是另一套装束，坐在牌桌前和李时雨、孙静云以及老太太，搓起麻将来。

"有一个年轻人跑进来了，在哪里？"两个警察气喘吁吁地跑进院内，向李时雨喊道。

李时雨停下了牌说："我们一直在打牌，没有看到什么人进来。院子墙不高，会不会翻墙走了，二位再找找。"

两个警察巡视了一下屋内，没有看出破绽，便垂头丧气地走了。罗云鹏这才松了一口气，向李时雨一家讲述了事情的经过。孙静云此时虽还不是共产党员，但多次协助李时雨进行地下工作，为被捕同志往监狱送饭，替罗云鹏传递、保存文件和进步书籍，思想觉悟提高很快，后来加入了中国共产党。

随着日本帝国主义侵略的深入，华北沦亡危在旦夕，中华民族面临着空前的危机。中国人民在中国共产党的号召和领导下，各地普遍掀起抗日救亡运动，各行各业的救亡团体，如雨后春笋般地出现。1936 年 5 月 31 日至 6 月 1 日，在宋庆龄、沈钧儒、马相伯等人的号召和领导下，在上海成立了全国各界救国联合会。中国共产党派遣一些干部参加救国会的工作。同年夏秋，罗云鹏根据中共中央北方局的指示前往上海，参加全国各界救国联合会的工作，担任组织部干事，为全国救亡工作四处奔走。

罗云鹏在上海工作了三个月，一天当他去码头送材料返回住处时，在路上和一个远房亲戚不期而遇。这个人在国民党特务机关当一名小头目，对罗云鹏的情况虽然不完全了解，但对他参加革命是早有耳闻的。狭路相逢，罗云鹏本想到候船室去，混在旅客中寻机脱身，却不想那人已经发现了他。

"敬载，你怎么在这里？"那个特务用怀疑的眼光看着罗云鹏问。

"学校毕业后没有工作，东奔西跑，想找个事做，到上海找朋友又未找到。"罗云鹏随机应变地答道。

"现在准备到哪里去？"

"回天津去，坐下一班去塘沽的船。"

那特务打量着罗云鹏，见他衣着简朴，手拿提包，的确像出门在外的样子，而且再有半小时确实有开往塘沽的船只，也就相信了。但这个狡猾的家伙仍然有些不放心，便装出一副关心的样子说："这里很不安全，我派一个兄弟送你一程。"

罗云鹏本想用话骗走这个特务，却没料到被这家伙缠住了，一时无法摆脱敌人。为了不暴露组织机密，只好暂时离开上海回到北平。党组织考虑罗云鹏的具体情况,决定他不再返回上海,留在北平参加中共北平市委学委的工作,领导学生运动。

　　1937 年"七七事变"发生,抗日战争全面爆发了。在北平沦陷前后,北平市委把党员和进步青年,分散转移到山西、平西等地开展抗日斗争;派遣一部分同志前往革命根据地。罗云鹏按照党的指示,离开北平大学,奔赴他日夜向往的革命圣地延安。

五　延安受命

1937 年 8 月，罗云鹏满怀希望地来到了向往已久的党中央所在地延安，来到这领导抗日战争的大本营，实现了长期以来的愿望。

在国民党统治区从事秘密工作的日子里，罗云鹏要时刻警惕敌人的阴谋，经常要提防特务的暗算，不时要设法甩掉"尾巴"。人与人之间的关系是那样的紧张，空气是那样的沉闷，使人喘不过气来。而在革命根据地，这里虽然不像北平、天津、上海那样有着高楼大厦、灯红酒绿，但是，却百业兴旺，生机勃勃。这里的政治氛围如此的自由；人与人之间的关系和谐融洽；抗日气氛是如此浓厚；军民、党群关系是那样的和谐团结。看到的，听到的，互相谈论的，都是抗日救国的内容。乍来延安的罗云鹏，深深感到获得解放的幸福，心情无比的舒畅。他以极大的热忱投入新的生活。

罗云鹏先到杨家岭中央组织部报到，后安排他到中央党校学习。党校学员很多都是来自国统区不同地区党的干部，学习热情很高。此时，正值毛泽东主席为延安抗日军政大学作关于《实践论》《矛盾论》内容的讲演，党校学员都认真学习，结合实际深入讨论。以前，罗云鹏也读过一些马克思主义书籍，有了一定的理论基础。毛主席用通俗的语言，深入浅出，结合中国革命实际，讲解马克思主义理论的基本观点，教给大家用辩证唯物主义和历史唯物主义观点认识中国问题的基本方法。使罗云鹏对以前那些认识模糊、理解不深的问题，豁然开朗，兴奋不已。

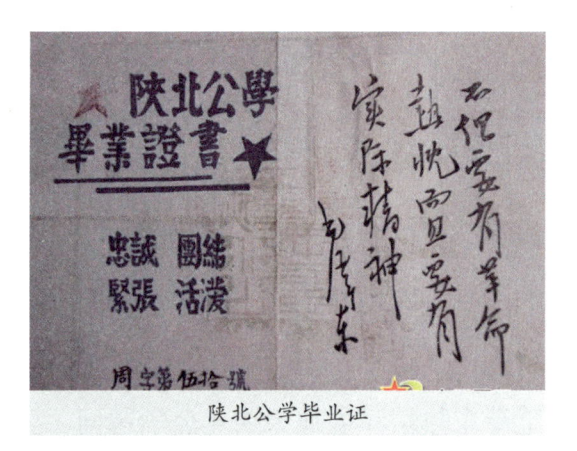

陕北公学毕业证

在党校学习一段时间后，由于成立不久的陕北公学急需干部，罗云鹏又被派到陕北公学任生活副指导。他第一次到解放区，对于解放区的工作方式还不熟悉。不过，经过一段学习和工作实践的锻炼，加上极大的革命热情，他很快就适应和熟悉了所担任的工作。

坐落在延安清凉山脚下的陕北公学（1938 年 11 月迁至桥沟镇杨家湾），是抗日战争时期中国共产党创办的一所具有统一战线性质的干部学校。

1937 年 7 月，抗日战争全面爆发后，国民党政府采取不抵抗政策，大片国土沦丧，而中国共产党提出的全面抗战路线，受到人民群众的拥护，因而有大批爱国青年从全国各地来到革命圣地延安。这样，一所抗大已不能满足干部培训的需要，为了把大批爱国青年培养成为优秀的抗战干部，1937 年 7 月底，中共中央决定创办一所新的学校——陕北公学，人们简称"陕公"。由林伯渠、吴玉章、董必武、徐特立、张云逸、成仿吾筹办。

1937 年 8 月，陕北公学开始招收全国各地及海外华侨青年入学。9 月1 日编班上课，最初的学员有 5 个班约 300 人，他们来自四面八方各行各业：有共产党员，也有国民党员；有工人，也有农民；有汉族，也有少数民族;有红军,也有国民党统治区的干部;有十几岁的青年,也有年过半百的老人。

陕北公学始终受到党中央和毛泽东主席高度重视和亲切关怀。毛泽东在繁重的工作中,时常对学校的任务、办学方针等关键问题给予及时的指导。1937年10月19日,毛泽东在陕北公学纪念鲁迅逝世一周年大会上讲话指出,陕北公学的主要任务就是培养抗日先锋队。10月23日,毛泽东热情洋溢地为陕北公学题词:"要造就一大批人,这些人是革命的先锋队。这些人具有政治远见,这些人充满着斗争精神和牺牲精神。这些人是胸怀坦白的、忠诚的、积极的、与正直的。这些人不谋私利,唯一的为着民族与社会的解放。这些人不怕困难,在困难面前总是坚定的,勇敢向前的。这些人不是狂妄分子,也不是风头主义者,而是脚踏实地富于实际精神的人们,中国要有一大群这样的先锋分子,中国革命的任务就能够顺利的解决。"

成仿吾校长看到题词后,心潮澎湃,在窑洞的油灯下创作了《陕公校歌》:"这儿是我们祖先发祥之地,今天我们又在这儿团聚,民族的命运全担在我们双肩。抗日救亡要我们加倍努力,忠诚、团结、紧张、活泼、战斗地学习!努力锻炼成抗战的骨干。我们忠于民族解放事业,我们献身于新社会的建设,昂头看那边,胜利就在前面!"当时刚到陕北、在陕公任教、后任延安鲁迅艺术学院音乐系主任的吕骥,兴致盎然地谱了曲。

为加强陕北公学的师资力量,中共中央陆续从国统区抽调一批知名学者和文化名人来校任教。陕北公学初期的主要教员有邵式平、周纯金、何干之、李凡夫、艾思奇、吕骥、徐冰、陈唯实等人,他们常来校讲课或作报告。有一段时间里,毛泽东几乎每隔几天就到陕北公学作一次报告,讲授中国抗日战争的战略与策略问题。通过较为系统的学习,罗云鹏深受教育和启迪,对党的全面抗战路线、抗日民族统一战线政策有了更深刻的理解,提高了执行政策的自觉性。

"九·一八"事变后,中国共产党在统一战线问题上有一个从反蒋抗日到逼蒋抗日再到联蒋抗日的发展过程。"西安事变"的和平解决为抗日民族统一战线的建立准备了必要的前提。是中国共产党抗日民族统一战线政策和逼蒋抗日方针的重大胜利,"西安事变"后,为巩固国内开始出现的和平局面,进一步促进国民党的转变,建立抗日民族统一战线,中共中央做了大量的工作和极大的努力。1937 年 2 月 10 日,中共中央发出致国民党五届三中全会电,提出实现国共合作抗日的五项要求和四项保证。1937 年 8 月,中共中央在陕北洛川召开了政治局扩大会议。会议通过的《中央关于目前形势和党的任务的决定》,制定了《中国共产党抗日救国十大纲领》,作为中国共产党在抗日战争时期的政治纲领,成为共产党领导全国人民实行全面抗战的指针。

在这种形势下,党在国统区的工作内容、特点和要求,已经发生了新的变化。"当这革命的形势已经改变的时候,革命的策略,革命的领导方式,也必须跟着改变。"(《毛泽东选集》一卷本 1964 年 4 月版 147 页)"过去在两个政权敌对路线下的斗争方式、组织方式和工作方式应有所改变。""主要是从武装的转到和平的,非法的转到合法的。"(《毛泽东选集》一卷本 1964 年 4 月版 214 页)在国统区就体现在,中国共产党号召全国人民总动员的全面抗战路线和国民党不要人民群众参加的单纯政府的片面抗战路线的斗争。

参加革命斗争以来,在党的领导下,罗云鹏凭着满腔热情,在工作中取得了成绩,也经历了挫折,得到了锻炼。可是,真正使他对中国共产党领导的这场伟大的革命有较深刻的认识,还是到延安后的半年。在党校、在陕北公学,读书学习,聆听中央首长的报告,看到革命根据地的现实,使他受到极大的教育。深深认识到一个共产党员肩负的责任是何等的艰巨啊!自己应该竭尽全力,全心全意为党工作。现在全党正为发展抗日民族统一战线而努力,自己水平差能力低,需要很好的学习。但是,自己对白区秘密工作毕竟是比较熟悉的,在那里可以发挥更大的作用。因此,在中共中央组织部发给县团级以上干部的登记表中"对今后自己工作的意见"一栏里,罗云鹏填写了"去白区做党的工作"。

1937年秋的一天,罗云鹏接到通知,前往组织部。接待他的是组织部干部科科长王鹤寿同志。

"张西平同志,现在组织上决定派你去接受新的任务。"王鹤寿直截了当地说。

"服从组织分配。到什么地方去?"

"甘肃兰州。"鹤寿同志递给罗云鹏一碗水,接着说:

"兰州是个很重要的地方,是甘肃省省会,也是西北的重要城市。它既是甘青宁新四省的枢纽,又是空中和陆上通往苏联的要道,战略地位十分重要。特别是抗战爆发后,苏联援华物资的大部分,是经过兰州内运的。因此,兰州显得更为重要。中央为了开辟那里的工作,已在那里建立了八路军驻甘办事处,又派谢觉哉同志作为党中央、毛主席的代表去兰州。中共甘肃工作委员会不久也将成立。那里缺少干部,现在准备派你去工委担任副书记。"

他停了一下问道:"你有什么意见?"

罗云鹏问道："担子很重,什么时间出发？"

"我们已经电告兰州了,你把工作交代一下,办好手续就可以出发,详细情况到兰州后,那里的同志会介绍的。噢! 想起来了,甘肃有同志在党校学习,不久要回兰州去,回头你们先见见面。"

两三天后,罗云鹏又来到组织部。在王科长的办公室里,还坐着一个圆脸庞,中等身材的青年。王科长见罗云鹏进屋,热情地站起来向罗云鹏和青年说道:"来! 我给你们介绍一下。"他指了指罗云鹏说:"这是张西平同志,是派到甘肃工作的。"又指着那青年对罗云鹏说:"这是郑洗瑕(重远)同志,今后你们就工作在一起了。"

罗云鹏和郑重远紧紧地握着手。

"本来想让你们俩一块去兰州,为了妥当起见,现在决定郑洗瑕同志党校结业后先回兰州去,给张西平同志安排一下,张西平同志后去。"王鹤寿解释道。

郑重远说:"那我先走一步,西平同志到兰州后,先到南滩街五十四号八路军驻甘办事处,我们在那里与你联系。"

1938 年年初,罗云鹏恋恋不舍地告别了延安,途经西安,在八路军驻西安办事处稍事休息后,便迎着西北高原的隆冬严寒,踏上了新的征途。

六　大鹏展翅

　　天是灰蒙蒙的，阵阵朔风在西北黄土高原上卷过，天气格外的冷。颠簸缠绕在千山万壑之中坎坷不平的西（安）兰（州）公路上的一辆美制"道奇"大卡车，经过两天多的行程，在夕阳西下时，驶抵古城兰州。学生装束的罗云鹏跳下车来，活动了一下麻木的双腿，拍打过身上的尘土，便提着简单的行装，按照郑重远介绍的路线，凭着秘密工作的经验，很快就找到了八路军驻甘办事处。这里原是一处有钱人的公馆，修建得很是讲究。一砖到顶的青砖大门楼向南开着，门的左边挂着"国民革命军第十八集团军驻甘办事处"牌子。走进黑漆大门，向左便是庭院。院落虽然不大，但却布局严谨，十分整洁，给人一种清新、明亮的感觉。风尘仆仆的罗云鹏走进西边厢房，一位年轻的八路军干部接待了他。那人看过介绍信后，走进一个套间。很快从里面走出一位五十多岁的老人，花白的头发，唇上留着两撇胡须，中等身材，手中拿着一副老花镜，和蔼可亲地迎了上来，操着很重的湖南口音说："你是张西平同志！我是谢觉哉，欢迎你的到来！一路辛苦了吧！先洗一洗，

谢觉哉

搞饭吃,好好休息一下,我们通知工委来人接你。等开完了会我们再详谈!"

"谢觉哉"! 好响亮的名字,德高望重的延安五老之一①。在延安的半年中,罗云鹏已经见到了董必武、徐特立、吴玉章三老,来兰路过西安时,在西安八路军办事处与林伯渠林老相逢,现在接待自己的竟是大名鼎鼎的谢觉哉谢老,不由得肃然起敬,激动万分。谢老的话虽然不多,却使人感到非常亲切。房中的炉火正红,暖烘烘的,罗云鹏一路上冻得发僵的手脚暖和了,他好像又回到了延安,回到了家。

罗云鹏在延安接受任务后,就注意了解有关资料,初步对甘肃的情况有些了解。八路军驻甘办事处的前身是兰州红军办事处。红军西路军在河西地区失败后,为了营救被俘人员,收容失散人员,查找当时下落不明的西路军主要负责人,党中央通过各种关系和渠道,千方百计开展营救工作。由于人数多和遇到各种阻挠,致使营救工作难度很大,有必要成立相应组织,进行这项工作。

1937 年 2 月,周恩来在西安提出在兰州设立办事处的问题,国民党

①延安五老:党中央驻于延安时,中央领导和全体机关干部将董必武、林伯渠、徐特立、谢觉哉、吴玉章五位老同志尊称为"延安五老",即分别称董老、林老、徐老、谢老、吴老。这五位革命老者,均系建党前后参加革命的老党员,是老一辈无产阶级革命家。早在 1930 年中央苏区革命根据地时,他们就分别担任党和苏区政府的领导工作。1934 年 10 月,除吴老被党派到国外工作外,董、林、徐、谢四老均参加了长征,历经艰险。1937 年到延安后,五老继续担任党和边区政府的要职,为党和人民的革命事业辛勤工作。当时他们都是年过六旬的老者,徐老已年近七旬。但他们老当益壮,仍孜孜不倦地工作。中华人民共和国成立后,他们以年近古稀之高龄朝气蓬勃地投入中华人民共和国的建设事业。延安五老是德高望重的老一辈无产阶级革命家、政治家、杰出的社会活动家。他们高尚的革命精神和崇高的品德,得到全党和广大人民群众由衷的敬仰和爱戴,成为学习的楷模。"人民之光、我党之荣"。他们的革命事迹铭记党史,永远被人传颂。

伍修权

政府迫于团结抗日的形势，同意中国共产党在兰州设立一个半公开的机构，进行对外联络和营救西路军工作。随之，党中央调陕西云阳红军办事处主任彭加伦负责筹备工作。29日，张文彬、彭加伦等7人到达兰州，在南滩街54号（今甘南路700号）建立了红军办事处。由于当时国共合作尚未正式形成，红军办事处的名称还不便公开使用，因彭加伦是办事处的负责人，办事处对外便称作"彭公馆"。

抗日战争全面爆发后，为加强党在甘肃的统一战线工作，加强兰州办事处的力量，7月17日，党中央决定派谢觉哉作为中共中央和毛泽东的代表到兰州工作。8月25日，红军正式改编为国民革命军第八路军后，兰州红军办事处改称为国民革命军第八路军驻甘办事处，由半公开成为公开的组织。随后，又改为国民革命军第十八集团军驻甘办事处，人们习惯地称它为八路军兰州办事处或兰州八办。谢觉哉为中共中央驻甘肃代表，彭加伦任办事处处长。

由于那时苏联援华物资基本上是从新疆入境，经兰州运往各地，还驻有苏联志愿航空队，需要不断与设在兰州的苏联代表处加强联系。1938年2月，党中央调派熟悉俄语的伍修权（在办事处工作时化名吴寿泉）到八路军驻甘办事处，接替彭加伦任处长。并将办事处迁到孝友街32号（今酒泉路314号）。

兰州八办所担负的任务是十分繁重的。贯彻党的洛川会议精神，放手发动群众,开展抗日救亡群众运动,开展统一战线工作,促使第二次国共合作的局面在甘肃尽快出现;帮助恢复党的地方组织并协助开展工作;营救和收容西路军被俘和失散人员;利用国际交通线,接待和保护过境兰州的党的领导人和重要干部,保持与苏联的联系和物资转运等工作。

快掌灯的时分,一个青年走了进来,热情地对罗云鹏说:

"老张,还认识我吗?"

罗云鹏打量着这个满脸笑容的青年叫道:"郑重远同志,你好吗!快坐,快坐!"

两人十分亲切地交谈着。郑重远说:"孙作宾书记临时外出,过两天就回来,他让我来接你。走,先在我那住下,老孙回来后再具体安排吧!"

郑重远的住处在距黄河不远的一条小街道中(现秦安路附近),两人肩并肩地出了八办,在昏暗的路灯下边说边走。此时许多店铺已经关门,路上行人不多,冷清清的。只有远处卖烧鸡、卖羊杂碎摊子上的小油灯,在寒风中发出忽明忽暗的灯光。

郑重远说:"老张,兰州是电灯不明、马路不平、电话不灵,还不时断电,走路要小心点。"

罗云鹏笑着说:"晚上工作惯了,走夜路还是可以的。明天你这个老兰州先领我熟悉一下环境吧!"

一夜的安睡,消除了两天多旅途的疲劳。第二天一早,罗云鹏随郑重远在黄河边的冰窟窿里洗漱完毕,随便吃了点

郑重远(郑洗瑕)

东西便上街了。冬日的兰州，天气晴朗，十点多钟，太阳升起来，暖暖和和的，作为抗战大后方的兰州，街上的行人很多。他们沿着卵石铺砌的窄而坑洼不平的马路前行，这里很少见到汽车，主要交通工具是马车和黄包车，马车轮子很大，直径有一公尺多，木轮的外缘包着一圈铁箍，行走时铁箍上的泡钉碰击着路上的卵石，咯噔咯噔作响，老远就可以听见。有钱人家的马车装着绿呢车篷，车把式高举着饰有红缨的皮鞭，在阳光下一闪一闪，吆喝着牲口穿街而行，很是神气。两人向西走着，不远处是一座城楼。一幅罗云鹏从未见过的景象呈现在眼前。只见从城门洞中并肩接踵而过的都是些挑水的人，老少皆有，大都衣衫褴褛，有的穿着单薄的衣裤，腰中系一根绳子；有的上身穿着破旧棉衣，下身穿一条夹裤，小腿上像军队中士兵的裹腿一样，裹着毛毡制作的"毛缠子"防寒。一副用麻绳做梁的木桶挑在肩上，进了城门后向各方散开去。偶尔也可以看到一两辆骡驴拉的水车过往。郑重远见罗云鹏注视着他们，便主动介绍道：

"这里是水北门，兰州自来水厂刚筹办，还没供水。机关、单位居民吃水多靠人工从黄河里挑。这些人就是以卖水为生的挑水大军，在兰州可不少呢！他们多是一些从灾区逃出的，或不堪忍受地主老财剥削的穷苦农民。生活最苦，收入无保障，常年露宿街头巷尾。"

罗云鹏问："他们中间有没有什么组织？"

原兰州水北门

"有一个行业工会,但作用不大。不过他们中间许多人都有亲戚关系, 很自然地形成许多小团体, 有自己的代表人物。"

兰州挑水工人

罗云鹏点点头小声说:"这些人是我们的基本群众,应该把他们组织起来。"

二人继续前行,经过辕门的国民党甘肃省政府门口,改向南行,进入绸布街(现酒泉路)。这里是兰州市最繁华的街道,十分热闹,两边五颜六色的大小店铺里,店掌柜们有的叨着长长的旱烟锅;有的端着紫铜水烟瓶;有的抱着擦得发亮的精制小手炉,坐在柜台内看着伙计们忙着做生意。路东的"金牛水烟庄"和路西的"庆生和绸布店"的招牌特别惹人注目。街道两边到处可见维吾尔族的小贩摆着的葡萄干、杏干、哈密瓜干的小摊子和散发着燃烧羊油气味的烤羊肉的小炉灶。小贩们一边煽着火,翻动着用细长竹签串着的羊肉片,一边喊着"烤羊肉,烤羊肉"招揽顾客。罗云鹏对这些感到十分新奇,但他毕竟不是来看热闹的,引起他特别注意的是,在丁字街头小广场边,那群围拢在一起,时而发出笑声,时而热烈鼓掌的人们。罗云鹏被那热烈的场面吸引住了,拉着郑重远向人群走去。

"那是联合剧团在演节目。"郑重远指着一面写有"联合剧团"四个字的横幅对罗云鹏说。那横幅是用紫红布做成的,由两根竹竿支撑着,靠在一幢房子的山墙上。

一米八九高大身材的罗云鹏站在人们的后面,就可以对场内的情况

原兰州绸布街（现酒泉路）

一目了然。场内正在演出抗日救亡街头剧《放下你的鞭子》，剧中那个卖唱的姑娘正在哭诉东北沦亡以后，他们父女的悲惨生活。演员化装朴实，感情真挚动人，演得十分出色。观众们被感动了，有的妇女和老人抹着眼泪。二十几个学生模样的男女青年，把场子组织得井井有条，有时配合着剧情领着观众呼喊抗日口号，演出效果很好。节目一个接一个地演下去，观众有增无减。罗云鹏一连看了几个节目，十分感动。这些熟悉的节目，熟悉的宣传形式，使他又好像回到"一二·九"时的学生斗争中去了。他对郑重远说："这些活动组织得不错，节目能激发群众的抗日激情。他们是哪里组织的？"

"这个剧团是由甘肃青年抗战团、妇女慰劳会等几个组织联合组织的，所以叫联合剧团，是在'八办'和工委的领导影响下开展活动的。大家热情很高，不少节目是自编自演，服装道具就地取材，随时筹借，很受群众欢迎。国民党当局总想控制它，因此，经常有斗争。"郑重远边走边向罗云鹏介绍着情况。

他俩向南走去，一座高大的城楼横在眼前。抬头望去，"万里金汤"的金字大匾高悬在上面。城楼四周，一堆堆地站着许多人。郑重远介绍说："这里是南大门，人们叫'人市'，各种短工、泥瓦木工集中在这里，等待别人雇用。"又指着一些围着头巾，穿着裙子的外国女人说："那是些'白俄'，十月革命后从苏联逃出来，专以刷墙，糊顶棚度日。"罗云鹏说："这

和资本主义社会的劳动力市场
差不多,他们是一支失业、半失
业的工人队伍。"

城楼的东侧墙上,依稀可
见抗日后援会用石灰水写的
"抗战救国"等大字标语。还有

原兰州"万里金汤"城楼

一些"有力出力,有钱出钱,有枪出枪,有知识出知识""全国人民总动员、
全国军事总动员""打倒日本帝国主义""改革政治机构,实行抗日外交政
策"等小标语。西侧墙上有两版大的壁报,是甘肃青年抗战团等组织办
的,虽然由于风吹日晒,纸已经退了颜色,斑驳了,但是,宣传中国共产党
《抗日救国十大纲领》和抗战形势等文章的内容,依然可以辨认。

罗云鹏高兴地说:"这里的抗战气氛还比较浓,青年抗战团和妇女慰
劳会这些群众组织很活跃。"

"自从'八办'和工委成立以后,党的方针政策深入人心,许多抗日群
众组织积极性很高,党派了一些同志加强对这些组织的领导,形势是好
的。"

城楼南边不远是他俩昨天
到过的"八办"所在地。他们便
向西走去。来到一处叫双城门
的地方。这里集中着许多酒楼
饭庄、戏园茶馆,各种小吃比比
皆是。说书人拍打惊堂木的声
音,戏园里的阵阵锣鼓声和小

兰州市民观看抗战墙报

原兰州鼓楼

摊贩们的叫卖声混杂在一起，十分喧闹。到这里来的有长袍马褂的封建遗老遗少，有西装革履寻花问柳的浪荡公子。那些油头粉面，衣着妖艳的公子小姐、老爷太太、官僚政客们，坐在茶馆酒楼之中，听书看戏，吃喝嫖赌，寻欢作乐，逍遥自在，似乎现在中国仍是太平盛世，哪有什么国难当头，抗战救国之事。把"一二·九"运动中青年学生和爱国人民，为抗日救国前赴后继的激动人心的场面，和这醉熏熏、昏噩噩、麻木不仁使人窒息的场面相比，罗云鹏摇头叹道："唉！国难不在双城门啊！"他对郑重远说："这真是'商女不知亡国恨，隔江犹唱后庭花'。"

在郑重远的引导下，他俩出了人群，顺直向北走去，再向东走。又有一座城楼，罗云鹏一眼认出，这是鼓楼了。这里又是一番景象：城隍庙前，街道两边，全是卖香烛、黄表的小摊。一些对神灵虔诚的善男信女和小脚老太太捧着各种供品，寻求佛爷保佑去了。有几处测字算卦看手相的摊子边，围着一些男女，算命先生口若悬河，煞有介事地在那里预测人们的命运。

"轰"的一声响过，郑重远说："午炮响了，我们找个地方吃饭吧！"

罗云鹏看到一家饭馆门外墙根和人行道马路牙子上，蹲着不少人，手里端着很大的碗，一边晒太阳，一边吃着什么，好奇地问：

"老郑，这些人怎么在外面吃饭？"

"噢,这是兰州有名的小吃——清汤牛肉面,历史很长了。手工拉出多种宽窄不同的面条,讲究的是一清(汤清)、二白(萝卜片白)、三红(辣椒油红)、四绿(蒜苗香菜绿)、五黄(面色黄亮),好吃不贵,省时省钱,是兰州最大众化经济实惠的饭食,很受劳苦群众的欢迎。怎么样,中午我们就品尝一下?"

"好!今后牛肉面可能就是我的家常便饭了。"

两人走进饭馆,中午时分,饭馆里人较多,许多乞丐围在桌边向人乞讨。有许多野狗在桌下钻来钻去,寻觅食物。他俩很快吃完饭走出饭铺。郑重远说:"兰州有几多:赌钱的多,抽大烟的多,乞丐多,算卦的多。本地人司空见惯、习以为常了,你新来乍到,一定是看不惯的。"

"是的,这是政治、经济、文化落后的反映。重远同志,我们去黄河边看看吧!"说罢,他们向西再向北,穿过桥门,便来到长达5464公里黄河上唯一的一座现代化桥梁——"兰州黄河铁桥"(1942年改称中山桥)。这座桥被称之为"天下黄河第一桥",1907年(清光绪三十三年)由德国泰来洋行包修。坐落在白塔山下,金城关前,非常雄伟壮观。

铁桥上虽然也是车水马龙,行人不断,但比起市区显得清静多了。

"黄河上有什么航运吗?"

"这里黄河上没有大的航运,农民们的农副产品多用羊皮筏子或木排运送。'羊皮筏子赛军舰',也算是兰州的特色之一。等黄河解冻了才能见到。"郑重远说道。

20世纪30年代的兰州黄河铁桥

黄河边的羊皮筏子

罗云鹏凭栏眺望,远处有几架大水车竖立在那里,冰封的黄河一片银白,在阳光照耀下闪闪发光。他感慨地对郑重远说:"老郑啊!看来我们的担子实在是不轻呢!我们虽然取得了很大的成绩,但是,进一步发动群众抗战救国,参加革命,要做的工作还是很多呢!"

他俩沿着黄河边走着,罗云鹏说:"党中央提出全民抗战的路线,非常及时和重要。这场关系到全民族生死存亡的斗争,如果不提高人民的觉悟,动员全民族行动起来,仅仅依靠国民党政府和军队那是不行的。"

"现今的政府搞愚民政策,生怕人民觉悟起来,抗战开始后,甘肃人民在党的领导下组建了一些抗日群众团体,但国民党政府却竭力想把它们控制起来,纳入自己的政治轨道。"

"但是,人民中蕴藏着无穷无尽的力量,正像这坚冰下的滔滔黄河水,尽管表面上被坚冰封锁,但冰下仍滚滚向前,推动着历史前进。这是任何力量也不可抗拒的。现在我们的工作就是不断打破坚冰,继续疏通航道。"

几天后,罗云鹏在八路军驻甘办事处和中共甘肃工委书记孙作宾见了面。孙作宾化名孙新华,是甘肃党组织中的老同志。他个子不高,瘦瘦的身体,文文雅雅的,以报社记者的公开身份作掩护进行工作。

"欢迎你来这里工作。"孙作宾操着标准的陕西口音热情地说。

"我是第一次到西北,情况不熟,又缺乏经验,工作中会遇到不少困难，以后还要多帮助。"罗云鹏急于工作，接着问道："这里情况怎样？"

"兰州是座古城，有十万人左右，地理位置重要，也是个瓜果城市。可惜由于长期受反动军阀的封建统治和剥削，经济、文化、政治都很落后。党从 1925 年开始，就在这里有了活动。最早是张一悟、宣侠父、钱崝泉组织的中共甘肃特别支部，接着是王孝锡、胡廷珍等。土地革命开始后，成立了吴鸿宾、梁干丞领导的甘宁青特委。斗争中有许多同志牺牲了。"孙作宾对甘肃的情况十分熟悉，继续说道："抗战开始后，党在兰州又恢复了工作，现在担子就落在我们身上了。去年七月下旬，成立了'甘肃民众抗敌后援会'，在党的努力下，抗日救国十大纲领和统一战线政策逐步深入人心，甘肃人民同仇敌忾，在'有钱出钱，有力出力'的口号，发动了献金运动，不到三个月，就捐献了现洋十万多元。打破了过去一潭死水的沉闷气氛，出现了好的形势。可是，国民党省党部和第八战区政治部力图派人控制群众抗日团体，遏制局势的进展，影响了群众抗日的热情。所以，还有不少问题需要解决。你先工作起来，详细情况逐渐向你介绍。"

罗云鹏非常希望尽早开始工作，问道："八办和工委是什么关系？"

"八路军驻甘办事处对甘肃工委，没有直接的领导关系，却又负有帮助和指导我们工作的责任。这样，兰州办事处就成了指导甘肃党组织活动的一处堡垒。中央对甘肃工委的指示，都通过办事处向我们传达；我们向中央的报告，也经由办事处转报延安。办事处

孙作宾

又通过上层及统战关系,给一些党员安排了公开职务,掩护他们的活动。在伍修权同志支持下,还在办事处内为工委开办了培训干部的党建训练班,对一些党员和经过斗争考验的党外积极分子,进行革命理论和党的基本知识的教育。谢老和伍修权都亲自为大家讲课。"孙作宾详尽地介绍说。

"我的工作如何进行呢?"罗云鹏问。

孙作宾大概早就考虑好了,他说:"已经作了初步安排,你先住下来。有个同志叫罗沔,也叫罗扬实,负责学运工作,公开身份是甘肃学院的学生,你就住在他家。"

"我的身份是什么?"罗云鹏关切地问。

"你们托称兄弟,是从外面流亡来兰的学生。兰州流亡学生不少,不会引起别人注意。不过要搞一个化名。"

罗云鹏思索了一下说:"就叫罗云鹏吧!凌云壮志的云,大鹏鸟的鹏。"

"好极了!"孙作宾赞赏地说:"你这只东北大鹏,就在这辽阔的西北高原上凌云翱翔吧!"说完,两人都愉快地笑了。

1938 年,虽然抗日民族统一战线已经建立,可是,由于国民党顽固派只承认中共中央的合法地位,除重庆等个别地方党组织外,其他地方党组织仍然处于秘密状态。为了安全,工委会议经常在八路军驻甘办事处内召开。不久,罗云鹏第一次参加了工委召开的会议。

"这是新来的工委副书记罗云鹏同志,分工负责组织工作,以后有关问题就找老罗同志商量。"孙作宾首先把罗云鹏介绍给大家。接着又逐个地把与会者介绍给罗云鹏。

在座的七八个人基本上都是二十多岁的年轻人。孙作宾和罗云鹏年龄差不多，参加革命很早。1931年党便派他来甘肃从事兵运工作，担任过中共甘宁青特委军委书记，领导过著名的靖远兵变、兰州兵变。和罗云鹏年龄相仿的还有宣传部长兼搞回民工作的吴鸿宾，他曾任中共甘宁青特委书记。刘杰(刘东皦)是孙作宾同志的夫人，负责妇女工作。负责青年工作的刘日修(南生)，兼任

吴鸿宾

《西北青年》编辑。而最早和罗云鹏相识的郑重远是负责组织工作的。这些同志大多是抗战爆发后党中央陆续派到兰州来的，形成了一个战斗的集体。罗云鹏的到来，使这个集体更加朝气蓬勃。大家十分欢迎罗云鹏，罗云鹏则为能有这些朝气蓬勃的战友而高兴。

经过一段时间的工作，罗云鹏对甘肃的抗日救亡形势有了基本了

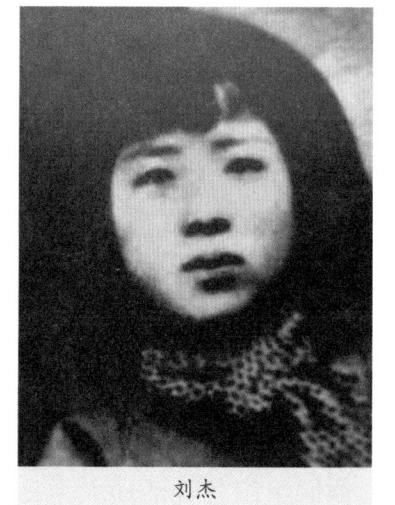

刘杰

解。甘肃抗日救亡运动的高潮，是在八路军驻甘办事处和中共甘肃工委成立后，在党的领导下开始兴起的。形成了一批抗日救亡群众组织，如"甘肃妇女慰劳会""甘肃青年抗战团""甘肃省外留学生抗战团""伊斯兰学会和回民教育促进会""西北青年救亡读书会""兰州中华民族解放先锋队""学生抗战队"等。其中，人数较多，影响较大的是妇女慰劳会和甘肃青年抗战团。

中国妇女慰劳自卫抗战将士会甘肃分会(简称甘肃妇女慰劳会),起初是甘肃妇女抗日后援会,是抗日战争时期甘肃最早成立的抗日救亡组织。全面抗战爆发后,国民党革命派的杰出代表、著名妇女运动领袖何香凝女士,发起成立了中国妇女慰劳自卫抗战将士会,动员全国妇女积极参加抗日救亡运动,号召国民政府各省政府主席及党政高级官员的夫人带头行动,组织各省分会。谢觉哉和八路军驻甘办事处,在开展对时任甘肃省政府主席的贺耀祖(组)工作的基础上,建议和帮助贺耀祖(组)夫人倪斐君,响应何香凝的号召,于 1937 年八九月间发起成立了甘肃妇女慰劳会,倪斐君任会长,国民党西安绥靖公署驻甘肃行署主任邓宝珊夫人崔锦琴任副会长,参加人员还有国民党甘肃省党部书记赵清正夫人陆志微、电信局局长夫人等甘肃国民党党政军高级官员的夫人及兰州中小学校女教师、中等以上学校的女学生等 100 多人。妇女慰劳会开展了多种活动:组织歌咏队和演出队,用文艺形式宣传抗日救亡;组织时事座谈会、出墙报、办展览;动员妇女参加识字班、救护训练班,参加社会活动,提高妇女觉悟;组织义卖活动,进行募捐;创办《妇女旬刊》等,产生了很好的社会影响。

八路军驻甘办事处和中共甘肃工委成立后,许多进步青年和学生积极与办事处联系,经常听取谢觉哉的教诲,思想觉悟得到提高,抗日救亡积极性十分高涨。1937 年 11 月,由甘肃学院附中学生罗伟、清华学生谷苞、京陵农大学生郭普、万良才等人发起,成立了甘肃青年抗战团(简称青抗团)。青抗团成立的时间虽然比较晚,但是,就其规模和影响来看,在甘肃的抗日救亡群众组织中是最大、最广泛的一个,它是全省青年的组织,包括各行各界青年,特别是广大青年学生。他们组织各种活动大力宣传《中国共产党抗日救国十大纲领》、中国共产党抗日民族统一战线和国共合作抗日的主张,组织演出队、募捐队、防空救护队、慰问队等,出版《西北青年》旬刊、《甘院学生》等刊物,为推动甘肃抗日救亡运动走向高潮作出了贡献。

在众多的抗日救亡组织中,几个抗日文艺团体非常活跃。

王氏兄妹剧团1937年8月成立于榆中县,在时任榆中县县长、进步人士王云海先生的鼓励支持下,以其子女王德彰、王德谦、王德芬、王德乾、王德威为主组成的,在榆中、兰州演出著名抗日救亡街头剧《放下你的鞭子》等。1938年年初,进步作家吴渤(白危)从上海来到兰州后加入这个剧团。《放下你的鞭子》这个剧是反映东北被日军侵占后,不愿做亡国奴的劳苦群众背井离乡,流离失所,到处逃难,一家父女两人,饥寒交迫,只得靠卖唱度日的悲惨遭遇。演出后在榆中和兰州产生很大反响。演出高潮时,经常是台上台下、演员和观众融为一体,共同高喊口号,产生很大共鸣,大大调动了观众的抗日情绪。

王氏兄妹剧团的演出得到八路军驻甘办事处和中共甘肃工委的高度赞扬和积极支持,并及时给予指导和帮助。谢觉哉、彭加伦、伍修权等成为王家的尊长和挚友。但王氏兄妹剧团的活动却引起国民党当局的不安,他们极力抵制和控制王氏剧团,教育厅要求王氏兄妹剧团与官办的西北抗战剧团合并。

王氏兄妹犹豫不定,便去寻求八路军驻甘办事处的帮助。谢觉哉认为可以同意合并,一方面,通过合并可以将这个原来的官办剧团,改变为真正的抗日救亡文艺团体,国民党出钱,进步分子演戏,演什么戏,主动权在自己手中;另一方面,利用这个机会发展壮大进步力量。合并后,在

从左到右分别为塞克　萧军　王洛宾　洛姗
朱星南

王氏兄妹邀请下，进步作家、文艺工作者塞克（陈凝秋）、萧军、王洛宾、朱星南、洛姗等从西安等地来到兰州加入西北抗战剧团，加强了进步力量，提高了演出水平。

合并后的西北抗战剧团，先后演出了《打回老家去》《保卫卢沟桥》《葡萄美酒夜光杯》《突击》等剧目。剧团团员不辞劳苦，克服生活习惯、气候条件等带来的困难，长途奔波，深入武威、张掖、酒泉、嘉峪关、民乐、通渭、甘谷、天水、秦安、临洮、陇西和青海的大通、西宁等地巡回演出，产生了很大影响。

联合剧团是由 1937 年 11 月成立不久的甘肃青年抗战团和妇女慰劳会、省外留学生抗战团联合组建而成。共产党员聂青田、邢华任正、副团长，团员有 50 多人。剧团自编自演了话剧《不要放走了汉奸》《到前线去》《松花江上》《南洋之春》《古城怒吼》《前夜》《抢米》《六年后的"九·一八"》《卢沟桥血花》等宣传抗日的剧目。1938 年 3 月，在国民党当局干预下，强行将联合剧团并入甘肃省抗敌后援会，并改名为"血花

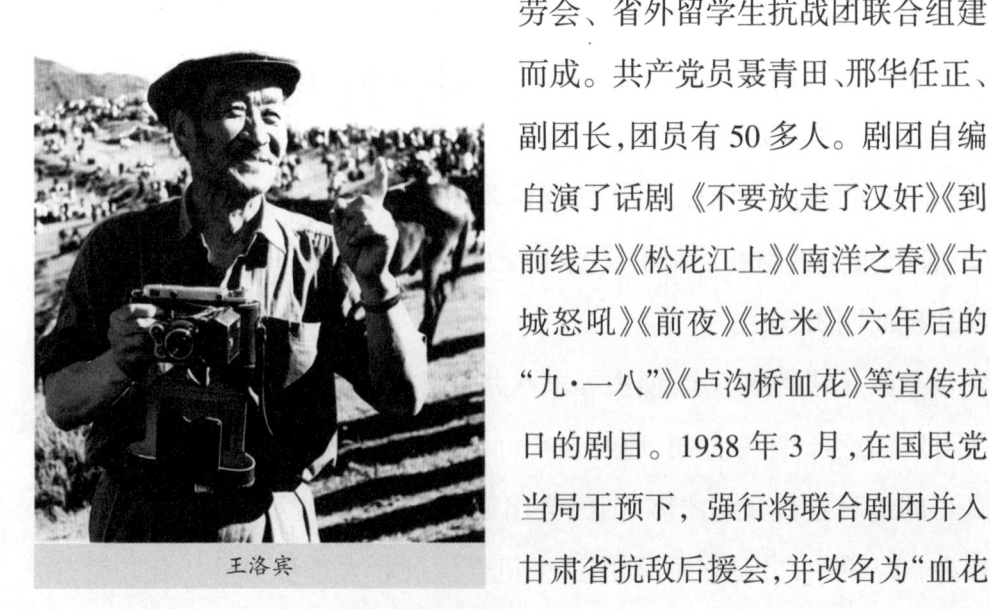

王洛宾

剧团",血花剧团仍然是以共产党员和进步青年为骨干,坚持演出进步剧目。联合(血花)剧团还成立了有40多人参加的歌咏队,由王洛宾担任教练,在兰州等地演唱《义勇军进行曲》《游击队之歌》《黄河大合唱》等,很受欢迎。

抗战初期,除了甘肃本省成立的抗日救亡团体、文艺演出团体外,还有一批从外地来甘进行抗日救亡活动的团体组织、知名人士、学者,如新安旅行团(简称新旅)等为甘肃抗日救亡运动作出了贡献。

在甘肃的抗日救亡运动中还涌现出一批进步刊物,如《妇女旬刊》《热血》《西北青年》《回声》《抗敌》《号角》《苦干》《现代评论》《甘院学生》《民众通讯》《战号》《老百姓》等。这些刊物促进了甘肃先进文化的发展,启发了群众的思想觉悟。

《民众通讯》是在众多的刊物中存在时间比较长,影响比较大的一个。《民众通讯》是进步人士丛德滋(1938年秋参加中国共产党)创办的民众通讯社刊物。

丛德滋,字悦生,祖籍山东省文登县,1910年11月出生于辽宁省凤城县的一个农民家庭。1927年秋从凤城第二师范毕业后,第二年以优异成绩考入东北大学。学习期间曾到平绥铁路局勤工俭学,受共产党员的影响,积极参加革命活动。1933年东北大学毕业后到东北军北平分会工作,由于积极主张抗日救国被监禁,后被张学良救出。西安事变前后,他在西

丛德滋

安东北军创办了《西北向导》《解放日报》等报刊,特别是《解放日报》在西安事变中发挥了重大作用。1937年年底,经八路军西安办事处介绍来到兰州。

1938年元月,丛德滋提出创办民众通讯社,得到八路军驻甘办事处的支持。3月1日《民众通讯》开始发稿,刊物是油印版,除向外发送外,还四处张贴。《民众通讯》内容丰富,稿件质量高,据不完全统计,仅1938年3月7日至4月7日的一个月中,《甘肃民国日报》就采用该社稿件和消息达98件。同时,丛德滋、吴皋元(吴渤)、王德谦、袁弱水、王治民、汪祖继、大江等人又在民众通讯社内创办《战号》旬刊,创刊号于1938年3月1日出版。

《民众通讯》和《战号》大力宣传党的抗日民族统一战线的方针、政策和《中国共产党抗日救国十大纲领》,报道八路军的战绩,特别是平型关战役的胜利;宣传孙中山的新三民主义和联俄、联共、扶助农工三大政策,对国民党顽固派推行的反动政策,及其压迫剥削下的甘肃工农群众的痛苦处境给予深刻的揭露和抨击。刊物发表的《兰州市的担贩》《兰州的屠宰业》《兰州市的轿车夫》《兰州市的皮业》《一叶筏夫血泪史话》《皋兰东乡马滩村农民的负担》等调查报告,反映了兰州市工农商各界劳动群众的痛苦生活。特写《国难不在中山林》一文,以犀利的笔锋揭露和鞭笞那些官僚政客、太太小姐、老爷公子们在国难当头之时,仍然吸吮人民膏血,吃喝嫖赌,无所事事,毫不知耻的行径。对于群众的抗日救亡活动,《民众通讯》给予积极热情的报道,短短时间里,发表新安旅行团的特写和通讯就达24篇。由于《民众通讯》和《战号》的内容贴近现实,反映群众心声,受到广大劳苦群众的喜爱。

民众通讯社不仅为党提供了良好的宣传舆论阵地,而且还成为掩护党的干部和进步人士的处所,也为营救红西路军失散人员做了不少工作。《民众通讯》发行不久,当时的第八战区长官、甘肃省政府主席朱绍良便扬言刊物是"不良分子"所为,应查封。1939年夏,国民党顽固派掀起反共高潮,民众通讯社被"注销登记",被迫停止发稿。

除了创办的刊物,这期间国民党甘肃省党部的报纸《甘肃民国日报》、甘肃省政府的《西北日报》也有不少抗日救亡的宣传,一些抗日群众团体和进步人士还在这两份报纸上开辟了各种专栏和副刊。在《甘肃民国日报》,塞克主编的副刊《剧运》、萧军主编的副刊《西北文艺》、学生抗战队开辟的《抗战生活》,还有《政治与社会》等。《西北日报》也开辟了不少抗战专栏。

甘肃党组织十分重视先进文化的传播工作。为适应抗日救亡运动发展的需要,必须为革命的、进步的书籍、报纸、刊物在甘肃的传播建立阵地,开通渠道。1937年12月,中共甘肃工委在八路军驻甘办事处的帮助下,在兰州道升巷开设书报社。1938年1月以后,书报社增加了发行销售《新华日报》的工作,成为《新华日报》甘肃分销处。书报社除销售中国共产党机关报刊《解放》(1941年前发行)《新华日报》和延安新华书店发行的各种书刊外,还发行销售其他进步书籍报刊,甘肃各抗日救亡团体创办的刊物也在这里销售。书店销售的《群众》《新中华报》《毛泽东印象记》《二万五千里长征记》《西北的新区》《鲁迅研究》《列宁主义概论》《民族解放战争的战略战术》《费尔巴哈论》以及生活书店的《全民》《抗战》《世界知识》等,都很受读者的欢迎。书报社还设立了租书部,向读者借阅图书,成为党向革命群众介绍马克思主义,宣传抗日救亡政策,传播革命火种,唤起人民大众觉醒的阵地。书报社有一批推销员，分头到甘肃省内各地销售图书报刊。在榆中设立了分店（新隆书报社），还通过学校、商店在定西、陇西、漳县、岷县以及兰州周边的夏官营、甘草店、什川、金家崖等地销售书籍，教唱歌曲，十分活跃。

生活书店是进步人士邹韬奋先生（1944 年加入中国共产党）创办的，由于深受读者的喜爱，到 1932 年便发展成为在全国有 56 个分店的生活书店。生活书店发行销售多种报纸刊物，出版数百种图书，团结了一批进步作者，引导青年走向革命，深受读者欢迎。1938 年 2 月中旬，生活书店总管理处在兰州开设分店，店址选在辕门（今甘肃省人民政府）附近，书店销售大量进步书刊、抗日救亡丛书、战时大众知识丛书、青年自学丛书和一些马克思主义理论书刊，八路军驻甘办事处和中共甘肃工委给予书店大力支持和帮助。

同仁消费合作社始建于 1933 年，合作社成员多为进步青年。抗日战争全面爆发后，在八路军驻甘办事处和中共甘肃工委支持下，合作社规模得到发展。1937 年冬，业务范围进一步扩大，除销售艾思奇的《大众哲学》、杜仲远的《大众生活》、邹韬奋的《萍踪寄语》《抗战三日刊》等大量进步书刊外，《解放》《新华日报》等报刊和延安新华书店的一些书刊销量也不少。后来，合作社成为八路军驻甘办事处和中共甘肃工委负责人开展工作和群众会面交谈的地方，成为传播党的方针政策、宣传进步思想的场所。合作社不少成员成为抗日救亡骨干，许多青年在这里接受革命思想，前往延安，走上革命道路。

罗云鹏作为负责组织工作的工委副书记，在为这种大好形势欢欣鼓舞的同时，却思考着更深层次的问题：经过一段时间的工作，了解到甘肃党员,有一小部分是经过长期革命斗争锻炼的老同志,马克思主义理论水平高,经验丰富。但是,大多数党员都是年轻人。他们革命热情有余,斗争经验不足,尤其是对马克思主义理论和党的知识了解较少。从组织工作的角度来看,必须加强党员的理论教育和思想修养,加强党组织的思想建设。他把这种想法告诉了孙作宾,得到孙作宾同志的全力支持。

为此,罗云鹏进行了一系列工作。首先,他给工委制定了学习制度。要求大家以自学为主,在可能的条件下,进行集体学习。学习马克思主义理论、政治经济学、联共党史、《大众哲学》、党内刊物和党的文件,以及有关书报杂志。他还要求同志们多读些革命文学作品,学习鲁迅先生的革命精神。那时,兰州马克思主义著作还较少,除从八路军驻甘办事处得到一些外,许多是从生活书店中和《新华日报》上找来的。每周学习一两次。工委委员们集聚在西城巷孙作宾家中,念一段,结合工作讨论一会,遇到疑难问题,就去八路军驻甘办事处请教。1938年2月,伍修权担任八路军驻甘办事处处长后,工委又请谢觉哉、伍修权等同志举办党建训练班。谢老讲党史,上党课,讲形势;伍修权讲马克思主义理论和国际共产主义运动知识,对提高党员的马克思主义和党的基本知识水平帮助很大。

为了"武装每个党员的头脑,使每个党员都锻炼成为一个具有高度警惕性的布尔什维克战士,同时在教育的过程里,训练与提拔广大新干部去担负伟大的革命任务",并指导各级党组织的工作。1938年3月,罗云鹏主编了工委党内刊物《党的生活》(《DangDi 生活》)。按照工委的意图,这个刊物的内容是:"严密的分析国内外政治形势、战争趋势与党的任务;实际反映各级党支部群众工作的情况与各支部日常生活;严格的讨论与批判党的工作。"因此,在《党的生活》第一期上,罗云鹏选登了《西北危机与我们的任务》《工委关于缴纳党费和新党员规定的决议》,转载了毛泽东同志《反对自由主义》的全文,还刊有《怎样发展组织》《支部怎样工作》等文章。除此,还翻印诸如《党的建设提纲》《斯大林在联共中央全会上报告及结论的讨论要点》《怎样发展党员》《我们不应该松懈应该是很警觉的》等材料供党员学习。罗云鹏还不断用化名向《西北日报》《甘肃民国日报》《抗敌报》投稿,宣传中国共产党的抗日民族统一战线的方针政策。这些措施对于甘肃党的思想建设起了很好的作用。

随着学习的深入,一个急需解决的问题提了出来:学习材料严重不足。马列著作、党的文件份数很少,特别是《党的生活》,需要下发到基层组织,每期都要印六七十份,因此,必须解决印刷问题。担任秘书工作的赵子明,主动承担了这一任务。赵子明利用自己开豆浆店的便利条件,在后院的库房里,架起两架油印机,以杂物作掩护,开起印刷所,在早晨磨豆浆的机器声中,一份份学习材料诞生了。可是不久,赵子明发现,油印看似简单,但操作起来并不容易,对蜡纸的刻写和油墨辊子的推送,轻不得重不得,轻了印不清楚,重了不是漏墨就是破版,印不了多少就不行了。油墨的稀稠也不好掌握。看来油印已不能满足日益增大的印刷任务要求了,必须另想办法。

赵子明

经过一番了解,赵子明提出用石印代替油印的建议,得到罗云鹏的大力支持。在进步群众和党员的协助下,赵子明边学边干,很快在兰州西郊上西园圣母宫庙中办起了新的印刷所。在这里印刷的学习材料不断送往各地,解决了问题,赵子明功不可没。

在进行思想建设的同时,罗云鹏也十分重视发展党的组织。

抗日战争全面爆发后,甘肃各族各界人民群众,在中国共产党的号召下,纷纷建立起各种抗日救亡团体。这些群众性抗日组织开始时成分比较复杂,有些甚至掌握在反动分子手中。为了充分发挥党对抗日救亡运动的领导作用,工委非常重视对这些组织的改造。罗云鹏来兰后,加强了党在各群众组织中的工作,先后派出许多共产党员到这些组织中去,建立党支部、党小组,宣传贯彻党的抗战路线、方针和政策。"甘肃青年抗战团"初建时,不少成员是CC①和复兴社②分子,活动也不太多。工委便派共产党员蔺克义、罗扬实、樊大畏等参加,着手改组。他们分别担任了该组织的组织部长、总务部长和宣传部长,积极开展工作,使这个组织成为在青年学生中最有影响、最广泛的抗日民族统一战线组织。伊斯兰学会

---

①中统是中国国民党中央执行委员会调查统计局的简称,正式成立于1938年8月。其前身是1927年11月陈果夫受蒋介石指使组织的中央俱乐部,因其英文缩写是CC,故简称CC。中统的主要任务是以党政机关、文化团体和大中学校为重点,他们对共产党员、进步人士、革命群众,以及国民党内不满蒋介石独裁统治的人士进行调查、监视,炮制黑名单,配合军警机关逮捕、关押、审讯、杀害。

②军统,是国民党南京政府军事委员会调查统计局的简称。它是蒋介石的特务组织中除中统以外,规模最大,活动范围最广的一个。军统正式成立于1938年8月,它的前身是复兴社的特务处。主要是控制国民党陆海空军、警察、宪兵,各部队和各军事学校。其主要任务是监视、侦察军官、士兵、学生的思想行动,宣传反共,进行法西斯主义教育,对全国青壮年普遍实行军事组织和训练,实行严格的思想控制。采取监视、搜捕、禁锢、绑架、暗杀、活埋等残酷的手段,迫害和屠杀共产党员、进步人士和革命群众。1942年,军统与美国海军参谋部情报署合作,组织中美特种技术合作所(简称"中美合作所"),在中美合作所内的"白公馆"、贵州省息峰县境内设有全国规模最大的集中营。在江西省上饶县设有东南最大的上饶集中营。对所谓政治犯施以种种酷刑,用美国新式器械加以折磨和杀害。1946年10月1日,军统改组为国防部保密局。

和回民教育促进会本是抗战前早就成立的社会组织。抗战后杨静仁、鲜维俊等人在党的领导下,通过斗争进行了促进会改组。以后又成立了由杨静仁、鲜维俊等组成的中共回民特别支部。在工委和孙作宾、罗云鹏的领导下,回民特别支部在甘肃省,特别是兰州市回族群众中,努力开展抗日救亡活动,发挥了重要的作用。

罗云鹏还十分注意通过斗争,在工农群众中发展党员。

当时兰州市工人不多,产业工人更少,只有挑水工人较多。罗云鹏想到那些露宿街头巷尾、衣衫褴褛的挑水大军。他们虽然不是产业工人,但是,由于他们的工作关系到全市人民的生活大事,社会联系广泛,影响面很大,甚至可以说有举足轻重的作用,因而是一支不可忽视的力量,很有必要加强党对他们的领导;他们的生活是极端困苦的,每日仅靠挑水挣一些微薄的收入糊口,毫无保障。尽管如此,国民党当局还想方设法要在他们身上榨出点油来。除了勒索各种税捐外,还不时摊派他们无偿地去做其他苦役,乱拉官差。特别是警察局对他们很厉害,经常打骂他们,还规定每天上午对他们"集训",进行"训话",浪费了挑水工人们许多宝贵的时间,引起了挑水工人和用水群众的强烈不满。这样的社会地位决定了他们有一定的革命性。可是,他们缺乏团结,尚未有效地组织起来,还未形成一支强大的革命力量,党组织应该加强对他们的领导和教育,启发他们的阶级觉悟,发动他们为争取自身的权益同顽固派开展斗争。

1938 年夏,中共兰州市委根据罗云鹏的指示,对此事进行了具体安排。决定由工委组织部长兼兰州市委书记郑重远和赵子明负责这项工作。郑重远和赵子明对兰州情况比较熟悉,在下层群众中有不少朋友。当时,赵子明在黄家园开的豆浆铺,作为工委的联络站。因为豆浆生意很好,每日用水很多,有一个天水附近来兰州的杨老汉经常给他送水。杨老汉是因为土地被地主恶霸占去了,跑到兰州。想以挑水挣些钱打官司。郑重远、赵子明便决定从帮他打官司入手开展工作。他们帮助杨老汉写了状纸,又通过在法院当推事的党员王子勤协助,打赢了这场官司。杨老汉十分感激,把郑重远、赵子明看成亲人一般,有什么话都愿意向他们诉说。他俩教育杨老汉把挑水的穷兄弟们团结起来,自己解放自己。经过老杨的串连,挑水工人决定开展要求警察局改变"训话"时间的斗争。他们推选了十几个代表,写了一个呈文,送到警察局,要求把"训话"时间改在下午,不要耽误挑水。警察局不但不批准大家的要求,还把代表们撵了出来,更加激起了挑水工人的公愤。

斗争如何继续下去? 郑重远去找罗云鹏商量。

"群众发动起来了,形势很好,应该不失时机地把斗争引向深入。可以明确提出取消'集训'的要求。但是,现在群众觉悟还不那样高,提出的口号必须群众能够接受。可以发动大家都去警察局请求,把声势造大些,迫使当局让步。"罗云鹏根据当时的情况作了指示。

兰州市委研究了罗云鹏的意见后,立即分头进行工作,更深入地发动群众。这天上午,挑水工人集合起来,连同老人孩子一起来到警察局。衣衫褴褛的老人和孩子走在最前面,向警察局苦苦哀求,青壮年在后面摩拳擦掌,表现出对警察局的强烈不满。挑水工人的行动得到许多群众的同情和支持,相继赶来,越来越多,以致把从辕门到五泉山去的交通都阻塞了,造成很大的声势,使警察局受到很大压力。警察局长唯恐事态扩大下去不好收拾,便指派一个秘书出来向挑水工人们宣布说:"你们生活很苦,很孽障(兰州方言,可怜的意思),今后再不受训了,你们都回去吧!"

在这场斗争中,充分体现了罗云鹏指导斗争的艺术。根据群众的要求组织斗争,又根据群众的觉悟提出口号,掌握火候,不失时机,发动群众,取得胜利。

斗争的胜利,鼓舞了挑水工人的斗争意志。党组织利用生动的事实教育他们,使他们认识到团结才有力量,团结才能胜利。今后要加强团结,有事共同商量,互相帮助。不久便在挑水工人中成立了群众性的"兄弟会"。参加"兄弟会"的大都是积极分子和骨干分子。在这个基础上,又在他们中间建立了党支部。

1938年春,罗云鹏收到在联合剧团工作的党员原烨送来的宋肃如、黄键两位新党员的组织关系。考虑到他们都是甘谷人,罗云鹏有意让他们单独成立一个支部,自己兼任支部书记,准备一旦时机成熟,就将他们派回甘谷,开辟甘谷县党的工作。罗云鹏经常以散步的方式,和他们谈心,对他们进行教育,讲解马克思主义理论和革命知识,介绍进步书刊,使这两个新党员思想觉悟得到很大提高。这年5月,由于国民党第八战区政治部加强对联合剧团的控制,剧团内的共产党员和进步人士被迫纷纷离去。罗云鹏决定派宋肃如等回甘谷,发展党组织,开展党的活动。6月,宋肃如在甘谷发展了一批党员,很快建立了甘谷县第一个党组织,继续与罗云鹏联系开展活动。一批革命青年,也在工委的帮助下前往延安抗大学习。

罗云鹏十分注意在农村建立基层组织,经常深入农村指导工作。在他和同志们的努力下,党组织不仅在兰州市有了发展,而且在皋兰、榆中、临洮、天水、徽县、靖远、武威、陇东根据地周围之平凉东部数县,海原、固原一带以及清水、会宁等地也建立了组织,发展了不少党员。

1938年夏秋之交,罗云鹏前往榆中县金家崖一带检查工作。郑重远是当地人,也陪同前往,当晚就住在郑重远家中。郑重远出于对罗云鹏的尊重,特意把他安排在上房休息,自己和家里人挤住在厢房。

半夜,突然下起大雨,罗云鹏睡觉的地方漏起雨来。他便穿好衣服。坐在一把椅子上打盹。不想雨越下越大,房子到处漏雨,简直无安身之处。此时,院内一片漆黑,郑重远一家早已入睡多时。他看房内有一张大方桌,就把桌子搬到比较干燥的地方,坐在桌下一直等到天亮。

看到这种情况,郑重远一家心中十分不安,觉得慢待了客人,一再表示抱歉。

郑重远说:"没想到会下这么大的雨,我的瞌睡太重,一点不知道。"

"这场雨下得好,解决了秋庄稼的问题。"罗云鹏想把话题岔开。

"唉! 老罗,你咋不把我们叫一声。住处再紧,怎么也可以挤着睡一夜。"

罗云鹏安慰地说:"我不是外人,何必为我一个人,惊动全家休息不好呢! "

早饭后,郑重远要罗云鹏睡一会。罗云鹏惦记着工作,两人便踏着雨后的小道向陆家崖村走去。

山区就是这样,平时可以一跃而过的小溪,一遇大雨,山洪暴发,就会变成波浪翻滚的大河。由于昨晚的大雨,一条小河暴涨,河宽水急,河底的卵石随波滚动。郑重远怕罗云鹏发生意外,准备请个熟悉水性的青年农民背他过河,却被罗云鹏谢绝了。他挽起裤脚,不顾危险地蹚水过河。陆家崖村有一个党小组,罗云鹏、郑重远看望了同志们,了解情况,指导工作。

1938 年，罗云鹏和同志们曾为争取中国共产党在甘肃的合法地位而努力。他两次执笔，以"中共甘肃省工作委员会"的名义写信，投寄给国民党甘肃省党部，批评甘肃政治，反对滥抓壮丁，提出一系列有关团结抗战的重大问题。按照工委的计划，只要得到国民党甘肃省党部的正式答复，我们立即在报纸上公开发表，从而取得合法地位。并且决定一旦得到合法地位，就以张一悟、吴鸿宾、赵子明三人组成中共甘肃省委代表团，公开活动。只是由于国民党甘肃省党部，始终不敢以书面形式作出答复，计划才没能实现。

罗云鹏和中共甘肃工委的其他同志一起，在党中央和毛泽东同志驻兰州的代表谢觉哉的直接领导下和八路军驻甘办事处紧密配合，秘密地领导着甘肃的抗日救亡运动。在团结抗日、改革政治、发动群众的口号指引下，在工人、城市劳动群众和青年知识分子中开展工作，组织各种进步的群众团体，开展抗日救亡宣传活动，发行进步书刊、报纸，宣传党的政治主张，提高人民群众抗日救国和争取民主的思想觉悟，使甘肃的抗日救亡运动，出现了一派大好形势。

七 革命家庭

　　甘肃抗日救亡大好形势的出现，罗云鹏是付出了大量心血的。半年多来，由于任务繁重，情况不熟，在工作中所花费的精力之大，都是难以想象的。就是在生活方面也是克服了许多困难。住在罗沔家中，一家人对他非常关心，罗沔的父亲常说："在这里就和在家里一样，我们吃什么，你就吃什么，不要客气。"由于党的活动经费不足，罗云鹏又无固定收入，因而手头非常拮据。他看到罗沔的家庭也不富裕，不愿给党和罗沔增加负担，便经常在小摊上买个便宜大饼充饥。他说："我整天在外面跑，到什么地方吃一点就行了，家中不必挂念。"对于生活上的不便，他丝毫没有怨言，自觉地为党埋头工作。

　　八办和工委的同志们对罗云鹏十分关心，觉得这样下去，无论对工作还是对罗云鹏本人都不利，应该设法改变这种状况。

　　一次，孙作宾、谢觉哉和夫人王定国在一起谈论此事，谢老说："有没有合适的女同志，给罗云鹏组织一个家庭。他们愿意结婚就结婚，不愿结婚，就做假夫妻，掩护工作。"

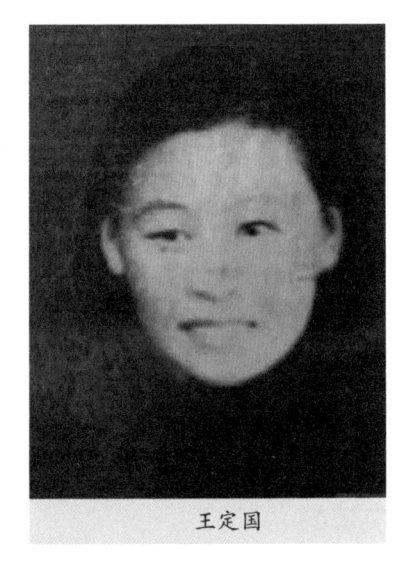

王定国

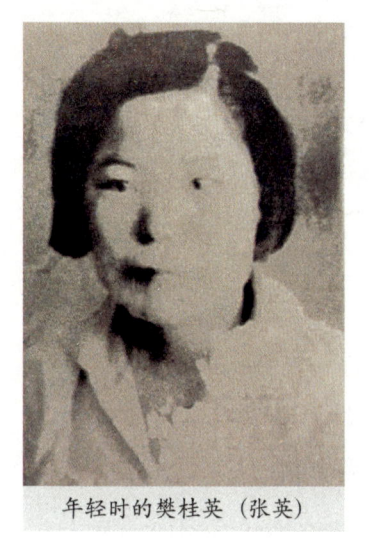

年轻时的樊桂英（张英）

"这倒是个好办法！"孙作宾表示赞同。

"你们看张英怎样？"做妇女工作的王定国想了一会说。

提起张英，三个人都还是比较了解的。

张英，原名樊桂英，生于1916年，家住山西省安邑县农村，早在山西运城女中读书时就参加过学潮。1935年，她进入陕西省高级助产职业学校。西安事变前后，她参加了党领导的民族解放先锋队。1937年，她被党组织送往安吴青训班学习，并在那里加入了共产党。训练班毕业后，党组织派她到兰州工作。

1938年5月，一身八路军戎装的樊桂英来到八路军驻甘办事处，谢觉哉热情地接待了她。这个二十出头的女青年大眼睛、白皮肤、扁平鼻子，一顶军帽下梳着齐耳短发，穿着一身八路军服装，英姿飒爽充满朝气，非常可爱。

"姑娘，你叫什么名字，从哪儿来的？"

"我叫樊桂英，从西安来，是西北青年救国联合会派我来的。"她说着，一边擦着汗，一边从口袋里掏出介绍信。之后，又从行李包中取出一大袋文件、书刊之类的东西。"这是西安八路军办事处让我捎来的。"

"家在哪里？上过几年学？"谢老平静地问。

"家在山西省安邑县，上过十几年学，从西安助产职业学校毕业。"

"噢，我问你，姑娘，你是来吃粮当兵的，还是想要讨个工作？"谢老微笑着问。

樊桂英一听急了："我可不是为了吃饭才来的！我在学校考第一名，校长要我留校，每月30块大洋我都不要，我是共产党员，是来参加革命的。"她极力解释着，态度非常认真。

此刻，她想起自己远离家乡和母亲，满腔热情地由山西

樊桂英（左一）与西安助产学校同学

经陕西，千里迢迢，饱尝了长途颠簸才找到这里，却不被理解，委屈得几乎掉出眼泪。

"谁让你这样一身打扮到这里来的！今后怎样去搞地方工作？"

樊桂英红着脸低着头说："当时只考虑到路上的安全。"

谢老接着说："这个地方可不像延安，共产党活动不是公开的，你这样穿着八路军服装，公开身份，会给以后工作带来麻烦的。"谢老稍停了一下，"好了！改个名字，在八路军办事处关一个月的'禁闭'。不要饭钱，也不要店钱，行吗？你要像闺阁小姐一样不能见人，更不许迈出大门，也不能和对象通信，办事处来往的人很多，很复杂，有好人，也有国民党特务。你以后要搞地方工作，是秘密工作，要特别警惕。能办到吗？"

谢老缓和了口气，并且以爱抚的语调对这个发窘的姑娘说。

"行。"樊桂英回答说。心里嘀咕道："这老头儿这么厉害！"

至此，樊桂英改名张英，以张英的名字出现在大家面前。

第二天她才注意到，八路军驻甘办事处是个有十几间房子的小独院。工作人员包括党代表、处长、秘书、副官、译电员、通讯员、医生、警卫

员、炊事员等,最多时有十一二人。吃饭时,十几个工作人员坐在一个屋子里,谢老和大家一起围坐在一张桌子周围,有说有笑。同桌吃饭的还有办事处处长伍修权同志、谢老夫人王定国等。

办事处工作人员大多是青壮年,工作生活紧张而有条理。上午一般是学习,开会,由谢老上党课,讲党史;下午伍修权处长教授俄语,有时还有周末晚会。年过半百的谢老,也积极参加俄语学习,他盘腿坐在大炕上,像一名小学生,专心听讲,认真做练习。在周末晚会上,王定国经常表演节目,樊桂英也和大家一起谈笑唱歌,听谢老和王定国等讲长征故事。

经常出没在办事处的还有经新疆到中国运送援助物资的苏联同志,大家称他们"老毛子"。他们谈起话来嗓门很高,性格十分开朗、直爽。

樊桂英在这里看到了共产党人和进步人士创办的许多很有特色的刊物,有共产党员刘日修主编的《西北青年》,著名学者顾颉刚主编的《老百姓》,著名作家萧军、塞克等人主编的《甘肃国民》《西北文艺》以及《热血》《甘院学生》《抗战》等。

她虽然在蹲"禁闭",但并不觉得寂寞,反而觉得生活充实,精神愉快。

谢老年龄虽大,但精力充沛。他每天除外出和社会各界人士打交道外,晚间还要在灯下阅读文件,处理公务,写日记,作诗文,总是忙个不停。他胸怀坦荡,待人谦虚,对青年同志关怀备至。对这位初出茅庐、涉世未深的山西籍女青年尤为关注。有一次,樊桂英患感冒,谢老在百忙中一天三次督促她服药,使这位早年丧父的农民女儿感受到慈父般的温暖。

伍修权对谢老有过很高的评价:他对于我们来说是德高望重的忠厚长者;对各界爱国人士是诚挚、儒雅的朋友;对反动分子能唇枪舌剑据理驳斥,对同志常常语重心长循循善诱;敌人对他是望而生畏,无可奈何;朋友对他竭诚相交,衷心热爱。樊桂英虽和谢老相处仅一个多月,但谢老对革命工作的热情,对她父亲般的爱护,给她留下终生难忘的印象。

樊桂英在八办住下了,平日里协助搞些内部工作,从不外出,遇有生人,她就回避一时。有时也帮助王定国做些力所能及的事,这样过了一个多月,工委才给她分配工作,让她协助刘杰开展妇女工作。她革命热情很高,工作积极,性格开朗,只是由于年轻,实际锻炼少,缺乏经验。搬出办事处以后,给她找一个什么职业作掩护呢?挂个助产士的牌子开诊吧!她太年轻,并且国民党当局规定,单身男女不得租住民房。或者,让她去高金城夫人牟玉光的诊所帮助工作,又怕搞不好暴露了身份,牵连牟玉光一家。一时无法,她便作为孙作宾的亲戚,搬到西城巷孙作宾的家中。后来,又以吴鸿宾的表弟媳妇的身份,临时住在吴鸿宾家。时间不长,又搬回孙作宾家。这样下去总不是长久之计。现在王定国提出建议她和罗云鹏结合,大家都觉得很合适。

孙作宾首先征求了罗云鹏的意见。罗云鹏对组织的关怀表示感谢,但是,他觉得有必要把在家乡的那桩“婚姻”向组织报告清楚。

他对那位蒋姑娘并无恶意,觉得她也是封建婚姻的受害者,是无辜的,甚至有些同情,曾经还想说服自己接受她。只是考虑到自己终日居无定所,东奔西走,随时可能遇到不测,她这个深藏闺阁的大家闺秀,特别是那双行动不便的“三寸金莲”,怎能适应这激烈残酷的革命斗争的环境呢?

八办和工委的同志们认为,罗云鹏对这桩婚姻的处理实属无奈,也是对家庭和姑娘的负责任态度,只是苦了那位无辜、痴心的“小鹅子”。

当谢老将这一意见传达给樊桂英时,她感到非常突然。一时不知如何回答。她刚走上工作岗位,只想如何搞好工作,婚姻家庭问题还没仔细想过,再说,罗云鹏是他的领导,认识不久,了解不多,更多的是敬重之情。现在要两人生活在一起,一下还不好接受。谢老看出了她的难处,便说道:"可以是假结婚,你再考虑考虑。"樊桂英觉得这既然是党组织的意见,是从工作出发,同时,也确实解决两个单身的问题,也是从安全考虑,便表示服从组织决定。

1938 年 8 月,罗云鹏和樊桂英一同搬到黄家园,住在一家湖北人开的油条铺子的后院。新"家庭"组成了。

生活上的这个重大变化,来得突然。开始,两人都有些不习惯。罗云鹏毕竟政治上比较成熟,很快就适应了。而樊桂英却总转不过弯来。当别人喊她"罗太太"时,常常意识不到是在喊自己,她不答应。弄得有些人以为她神经不正常。罗云鹏生怕时间长了闹出问题来,便对樊桂英说:"咱们要装,就得装像一点,不然就不好工作了。"

樊桂英也察觉到了。她努力改变自己,以适应新环境。她对罗云鹏了解的并不多,罗云鹏比她大五六岁,平时说话很少。虽然他俩都在工委工作,樊桂英却总把罗云鹏当作上级对待,由于秘密工作的特点,除了开会,平时很少接触,樊桂英又是一个性格开朗、活泼的人,两人初到一起,甚至还感到有些别扭。不过,没有多久,她便对罗云鹏有了进一步的了解。

罗云鹏虽然是名牌大学的毕业生,参加革命工作较早,又担任着重要职务,可是,他对人却和蔼可亲,平易近人,十分诚恳。工作中民主作风好,生活作风也艰苦朴素。夏天就是那三两件衣服脱换;冬天也只有一件旧棉衣御寒。同志们建议他缝制两件衣服。他总是说:"这就可以了。"除了吸烟,他再没有别的嗜好。为了省钱,他一般不吸纸烟,而是买烟叶自己卷。

樊桂英还发现,罗云鹏平时尽管说话很少,似乎有些冷冰冰的,但内心却蕴藏着极大的革命热情,对工作、对同志倾注了满腔的热忱。一旦谈起工作,他能滔滔不绝地发表自己的见解。事实讲得那样具体,问题分析得那样透彻,意见讲得那样中肯,甚至语言也是那样的生动,和平时判若两人。

对樊桂英,罗云鹏是十分体贴的。从生活、思想上予以帮助,给予同志式的温暖。即使批评,也使人感到可近可亲。十月的一天,天气突然冷了起来。樊桂英正打着一件毛衣,这是赵子明的老伴托她打的。赵子明是工委秘书,两家住得又很近,所以和罗云鹏来往较多。罗云鹏走到樊桂英身旁,拿起毛衣看了看说:"天冷了,是用着毛衣的时候了!"

樊挂英没有理解他的意思,随口说道:"毛衣有现成的,冷了你就穿。"

"你手中这件毛衣打了多少天了?"

"……"

樊桂英像是在回忆似地没有说话。

罗云鹏接着说:"咱们搬到这里以后第一个星期天赵嫂送来的。那是八月,现在已是十月,将近五十天了。"

樊桂英说:"我不是正在打吗!"

罗云鹏心平气和地说:"别人有困难,才来找我们帮助,既然答应了人家,就要及时办好。现在天冷了,说不定赵大哥还等着这件毛衣穿呢!"

樊桂英不好意思地笑了笑说:"我抓紧时间打。"

"家中的其他事情先放下来，争取这几天打好，给赵大嫂送去。"

罗云鹏也有发火的时候。他对工作上的疏忽和失职是不能容忍的。由于工作的需要，罗云鹏经常夜里很晚才回家。他们的这个院子还住着几户人家。他们住的房子坐落在院子深处的一角，离大门较远。为了晚上回来不惊动邻居，每当罗云鹏外出，樊桂英总是等着为他开门。平时，只要听到大门的门环"啪""啪"两声，她就会很快打开大门。这天晚上，樊桂英虽然感到身体不适，但仍坐在桌旁等着。当桌上的蜡烛已经换了三支，第四支也已燃了一半，还不见罗云鹏回来。她十分困倦，想趴在桌上稍微休息下，不料却睡熟了，燃完的蜡烛把桌子烧焦了一片。

"啪！啪！"罗云鹏回来后习惯地拍了两下铁制的门环，却听不见那熟悉的脚步声。他一连几次拍门仍没动静，最后，他只得大声地叫门。喊声惊动了房东夫人，为他开了门。此时樊桂英也慌忙从屋中跑出来。

罗云鹏非常生气，一进屋便严厉批评樊桂英失职。樊桂英从来没有看见他发这样大的脾气，虽然觉得委屈，但想到自己的失职，心中感到内疚。当罗云鹏坐下来对着蜡烛点烟时，突然看到那被蜡烛烧焦的桌面，顿时明白了一切，觉察到刚才自己太不冷静。便心平气和地对樊桂英说："刚才我对你的态度不好，可是，你应该知道，如果经常发生这样的情况，一是影响邻居休息，二是会引起别人怀疑，那我们将怎么工作下去呢？绝不要因为我们的疏忽给党的工作带来损失。"

1938 年秋，榆中县霍乱病流行，国民党顽固派漠不关心，巫神马角到处骗钱害人，群众死亡很多。罗云鹏十分焦急，坐卧不安，表现出对广大劳动群众的极大关切。他找到郑重远说："榆中的流行病不能再继续下去了。国民党不管，我们共产党一定要管。市委是否想办法派人去一趟。"

在中共兰州市委的组织下,共产党员陈成义和医生陆鱼安等人前往榆中病区,给群众打针防治,对抑制这次霍乱病的流行起了重要作用。

随着时间的推移,经过一段时间的共同生活,共同战斗,罗云鹏和樊桂英之间有了更多的了解,逐步建立了革命的感情。不久,他俩便决定正式结婚,并得到组织同意。

利用工委开会的机会,罗云鹏向大家宣布了这一消息。孙作宾转达了八办谢老和伍修权的祝贺,大家也为这对革命伴侣的结合感到高兴。

几个月来,他们两人虽然生活在一起,有时也会有男女之间的情感冲动,但是革命的责任,使他们始终保持着纯洁的同志关系,晚上总有一人睡地铺。现在他们正式结合了,这是人生大事。罗云鹏平时极少喝酒,今天破例买了二两白酒和一些下酒菜,二人共进晚餐,算是婚礼了。

樊桂英从箱底拿出一条新床单,认真地铺在炕上,几个月来两人第一次睡在一个炕上,樊桂英紧紧地靠在罗云鹏那宽厚的肩膀上,一股暖流涌遍全身。二十多岁的她,涉世不深,来到这个人生地不熟的地方,平时忙于工作,少有时间考虑婚姻问题,一旦遇到不顺心的事或空闲时,还是想念远在千里之外的亲人,感到孤独。现在终于有了可以依靠的伴侣,有了自己的家,她感到无限的幸福。

樊桂英开玩笑地说:"咱俩是先结婚后恋爱。"

"那也好嘛!过去不是有许多先结婚后恋爱的夫妇,感情不也很好吗?何况我们的结合是党的安排,是革命的需要,是志同道合。"罗云鹏笑着说。

"你一天连话都懒得多说几句。我们的爱情像只热水瓶,里面热外面凉。"

"我原来的性格并不是这样,当学生时打球、游泳都喜欢,后来由于工作性质的关系,一个人又过惯了,养成说得少、想得多的习惯,以后我注意就是了。"

从此,罗云鹏和樊桂英,为了实现伟大的理想,互相帮助,互相鼓励,同生死,共患难,真正成为一对感情真挚的革命伴侣。

甘肃省抗日救亡运动的兴起,以及中国共产党的发展,使消极抗战、积极反共的国民党顽固派坐卧不安,采取种种手段来破坏这一大好形势。他们借口"统一领导",一方面企图把抗日救亡的进步团体和组织纳入他们控制的轨道;一方面大砍进步团体,解散了"青年抗战团""省外留学生抗战团",迫使"中华民族解放先锋队"转入秘密状态;查禁了《西北青年》和《抗敌报》等刊物和各种进步书籍。并命令学校打击、开除进步学生,党政机关开除有共产党嫌疑的人员。到 1938 年 10 月,广州、武汉失守以后,国民党顽固派在日本帝国主义诱降下,更加积极反共。

为了保存党的力量,党中央指示各地党组织提高警惕,加强戒备,采取措施,防备万一。中共甘肃工委根据中央指示,在贤后街孙作宾家中举行会议,决定部分工委负责同志离开大城市,分散隐蔽。罗云鹏、樊桂英去天水,郑重远去靖远,林亦青去徽县,都以特派员的身份负责那里党的组织工作。孙作宾和 1938 年冬来兰担任甘肃工委青委书记的王实先等同志留在兰州坚持工作。

孙作宾看着衣着简朴的罗云鹏说:"老

王实先

罗,你恐怕得换换行头,做一两套好衣服,在这个以貌取人的社会里,我们在这方面还得注意一点,经济上怎么样?"

"这次去天水,你的身份已不是流亡学生,确实得注意一下,经济上我帮你想点办法。"郑重远接着说。

"我一定注意,经济上不需要什么了。"罗云鹏深情地看着大家说。

1939年春,穿着一身灰色人字呢制服的罗云鹏和樊桂英来到天水,住在东门外著名人士周服之家的院内。"周家大院"很大,前院是个十多间房的四合院,后院有两三间房子,门前长着两丛翠绿的竹子。后院面积不大,非常严谨。出后门,是一片菜园和庄稼地,远离大街,十分幽静,是进行秘密工作比较理想的地方。

当时,党在天水已开辟了工作。1938年6月,经林伯渠同志推荐,中共陕西省委派八路军驻西安办事处三原联络站站长董邦(董振国)到天水开展活动,发展了一批党员,成立了党的组织,由中共陕西省委领导。罗云鹏带着陕西省委的接头关系,直接找到董邦。他们在天水城南公园见了面。罗云鹏把宋肃如和甘谷支部的领导关系移交给董邦,并了解了天水地区党组织的情况。董邦向罗云鹏汇报了天水国立五中、生活书店天水分店、邮局等单位党组织和党员的情况,并把刘桂增、孙耕夫、耿夫孟、张得祥、薛天鹏等党员介绍给罗云鹏。罗云鹏和樊桂英分别和他们谈了话,检查和指导他们的工作。从此,天水地区的党组织便和甘肃工委建立了直接联系,置于甘肃工委和陕西省委的双重领导下。不久,罗云鹏又前往徽县、成县一带活动。

1939年春夏之交,工委书记孙作宾奉命调回延安,决定由罗云鹏负责工委的全面工作。因此,罗云鹏和已有身孕的樊桂英又返回兰州。经工

原兰州周家庄 5 号罗云鹏住所

委秘书赵子明介绍,罗云鹏夫妇住在周家庄 5 号席维汉老汉的院子里。周家庄是个小村庄,坐落在兰州城东郊区约三四里的地方,从此省工委机关便固定在这里。

为了便于工作,由罗云鹏出面,和席老汉合股筹办一个石灰窑作为职业掩护,罗云鹏以石灰窑经理的身份公开活动。工委的同志都称兄道弟,假称各种亲戚。罗云鹏假称是赵子明的内弟,林亦青声称是罗云鹏的表弟,从外地来兰投考学校。王实先个子不高,对人热情,来兰后和罗云鹏夫妇往来较多。罗云鹏离兰外出时,王实先总来帮助樊桂英料理工作和家务,他虽然是江苏铜山人,却说着一口普通话。因此,罗云鹏对外称王实先是自己的弟弟,叫他罗云鹭。樊桂英因身怀有孕,不便外出,主要负责工委机关内部的事务。

席老汉是个忠厚老实、略微驼背的四十多岁的农民,有妻子和一儿一女,儿子还小,女儿十六七岁,虽然是花一样的年华,却因为贫穷,总是穿一身带补丁的衣服。席家原有四间旧房,冬天用牛粪烧炕。现在全家人挤在一间,其余三间租给罗云鹏夫妇。罗云鹏夫妇生活并不富裕,但平日仍省吃俭用,尽可能在经济上资助席维汉一家。他们相处得很好,常吃一锅饭,感情融洽得像一家人。樊桂英是学医的,常为房东一家诊病。有一次,席维汉妻子患急性肠胃炎,没钱买药。这时已怀孕七个多月的樊桂英拿出仅有的准备坐月子的钱替她买药并亲自打针,使她很快康复。

1939年9月17日，罗云鹏的女儿俐丽呱呱坠地，来到这动荡不定的社会。刚生下来时女儿八斤多重，白白胖胖，以致失却了女孩子的秀气，傻乎乎的，完全是个"胖小子"的模样。然而父母亲却给她取了一个十分秀美的名字——俐丽，意思是聪明又美丽。

席维汉夫妇常来看望樊桂英母女，并托人买来鸡蛋、红枣、百合等滋补品。他们的女儿小兰常来和俐丽玩耍，樊桂英工作忙时，就把俐丽托给他们照看。

樊桂英很辛苦，除带孩子，做好内勤工作之外，还坚持按时到"八办"听谢老上党课，听伍修权同志讲政治形势，还跟他学俄语。如果没有席维汉一家的帮助，她是很难坚持的。席维汉的妻子像对待亲人一样关照着她们母女，自己的衣服补丁摞补丁，却把自己一件半新的上衣拆掉，为俐丽改制了一套棉衣，那衣服黑底灰道，颜色虽不鲜艳，可它真是雪中送炭啊，它寄托着这位贫苦的西北农妇的一份浓浓情意。俐丽快八个月时，王实先抱她出去照了一张照片，照片上的俐丽，穿的就是席妈妈改做的那件衣服。

她一降生，就被卷进民族斗争和阶级斗争的漩涡之中。那时，日本帝国主义的飞机不时轰炸兰州，人心惶惶，市民经常跑警报，有时三四天躲在外面，吃不到一顿热饭菜。还未满月的俐丽，也成为这惶惶不安的人群中的一员。罗云鹏不在家时，遇到警报，年轻的樊桂英没有经验，既要照顾工委机关的安全，又要照顾孩子，常常弄得手足无措。有一

八个月的罗俐丽（罗力立）

次,警报声一响,她一手抱一个包就跑,跑了约百米远,听到后面有人喊:"娃子掉了!娃子掉了!"她急忙查看手里的东西,文件包还提着,小襁褓却是空的,回头一看,一位白发苍苍的老大娘,双手捧起了掉在地上的俐丽。在日本飞机轰炸期间,为了安全,多少天都不动烟火,整天啃干馍,喝生水,奶水很少,饿得俐丽哇哇哇地一阵一阵地啼哭。恰在这时,中共中央西北工作委员会,为了进一步检查、安排党在甘肃的工作,通知罗云鹏前往延安汇报工作。在这家中正离不开人的时刻,罗云鹏没有犹豫,托王实先照料家中,迅速动身前往延安。好在王实先每天都以弟弟的身份,来照顾他的"嫂子"和"小侄女",帮助樊桂英母女度过了这段艰难时日。月余后罗云鹏才从延安回到了兰州。

八　我是共产党党员

1939 年 10 月，正是国民党顽固派发动第一次反共高潮的前夕。国民党顽固派在全国不断制造摩擦，搜捕共产党人和进步人士。兰州也笼罩在白色恐怖之中。陕甘宁根据地的正宁、宁县、镇原等地，也遭到顽固派军队的包围和进攻。西北工委在这种情况下，研究甘肃党的工作，对甘肃党的工作是有很大帮助的。

罗云鹏到达延安后，首先向西北工委秘书长贾拓夫全面汇报了甘肃工委的统战、组织、宣传工作和学生运动等方面的情况。不久，西北工委召开了专门研究甘肃工作的会议。工委领导人洛甫、罗迈、肖劲光、贾拓夫及中央组织部部长陈云等同志参加了会议。李铁轮同志因准备来甘肃工作，和罗云鹏一起列席了会议。会议由洛甫主持。贾拓夫就甘肃工委今后工作，准备了提纲性的意见，提交会议讨论。西北工委认为，甘肃工委在前一段的工作中，各方面都取得了显著的成绩，但是，还存在一些问题，如组织工作方面，搬用了党在边区工作的一些方法，进行党员登记等。这在白区，在兰州这样的地区是不适宜的，是危险的，一旦暴露，整个组织就有被破坏的可能。责令工委立即销毁一切登记表格等可能暴露的文件，今后采取密写方式。在组织发展方面，对知名人士和上层人士的组织发展要谨慎。过去通过各种渠道发展的一些知名人士的情况，值得研究一下。对于存在的问题,回兰后,应立即采取措施。西北工委还通知罗云鹏,决定派李铁轮担任甘肃工委书记,要工委对李铁轮到兰后的工作、生活做好安排。

这次会议使罗云鹏进一步认识了抗日民族统一战线和国共合作抗日的新形势下白区工作的特点,学到了不少在新形势下开展秘密工作的方法。会后,罗云鹏又学习了党的许多文件,拜访了一些老朋友。上级的指示,工委干部的加强,使罗云鹏满怀信心,一个月后,他返回了兰州。

为了研究贯彻中共中央关于白区工作的指示和西北工委会议精神的具体办法,罗云鹏回兰后,立即召开了工委全体委员会议。罗云鹏首先向大家汇报了延安之行的基本情况,接着说道:"这次到延安去收获是很大的,使我对当前的形势和我们前段的工作有了新的认识。国民党顽固派反共活动日益猖獗,《限制异党活动办法》和《共党问题处置办法》等反动文件颁发后,摩擦四起,一个反共高潮可能即将到来。过去,我对形势认识不够,工委的活动有些公开化了。这次上级指示我们,第一要加强党的建设,注意秘密工作;第二为了多渠道沟通与党中央的联系,要开辟从兰州到延安的秘密交通线。具体如何进行,大家研究一下。"

委员们纷纷发表意见,经过充分酝酿,会议决定:首先要采取应急措施,由樊桂英负责立即销毁和转移那些可能暴露的党的文件、表格等;由罗云鹏、王实先、郑重远、林亦青等迅速分头将有关精神向各基层组织传达,并检查一次工作;建立秘密交通线的工作,交由郑重远负责。至于工委今后工作,等即将到来的新任书记李铁轮到任后,再详细研究。

散会后,罗云鹏对起身要走的郑重远说:"重远同志,稍等一下。"送走了其他同志后,罗云鹏和郑重远重新坐了下来。

"建立秘密交通线的任务十分艰巨,有什么困难吗?"罗云鹏关切地问道。

"你放心好了。我一定想办法完成这项任务。"郑重远坚定地回答。

"现在有三件事立即要办:一是实地探察一下由兰州经靖远、海原、固原、庆阳到达延安的路线;二是到延安后,向中央有关部门请示关于建立交通线的具体办法以及经费等问题;三是把工委贯彻中央有关精神的情况向党中央汇报。"罗云鹏详细交代了任务,最后又问,"老郑,你看还有什么具体问题要解决。"

郑重远略微沉思了一下说:"这件事我亲自去办。在我离开靖远期间,是不是让乔映淮(秦明)同志代理县委书记?其他问题,我自己设法解决。"

罗云鹏望着这个精力充沛、满腔热情的青年人,信任而关切地说:"这项任务关系着党中央同我们以及第三国际的联系,十分重要。你这个靖远县的特派员兼县委书记,人熟地熟是个有利条件,但是,路上一定会遇到许多风险,要千万谨慎小心。至于代理县委书记,同意由乔映淮担任。"

郑重远心里热乎乎的。罗云鹏深入细致的工作作风和对同志诚挚的情感,使他完成任务的信心倍增。回到靖远后,郑重远紧紧依靠基层党员和群众,千里跋涉,机智、勇敢地完成了任务。一条从兰州通往延安的秘密交通线,于1940年年初终于建成了。党中央的指示,通过交通员王泽喜不断送到罗云鹏手中,工委的信件,也通过这条秘密红线传到延安。

就在郑重远开辟秘密交通线的同时,罗云鹏和王实先也按照工委会议的决定,深入基层传达会议精神、检查安排工作去了。

兰新公路上,罗云鹏、王实先一高一矮,并肩骑着自行车向西奔去。11月的河西走廊,即便是太阳当头的好晴天,也是寒风不断。他俩顶着寒风,使劲地蹬着车子。前行是十分费力的。但是,这比起坐汽车,乘马车,不仅方便,而且也安全得多。因为日机经常轰炸兰州,城里不少人躲往农村。骑自行车往返于城乡之间者常有所见,他们这样行动,是不会引起别人注意的,时常这样到基层活动。这次,罗云鹏准备利用传达会议精神、检查工作的机会,把原先由自己直接联系的几处组织关系,移交给王实先。因此,两人同行,一边赶路,一边商量工作的事情。

第一站他俩来到永登,找到了在马步青部队中的秘密党员王建三、王东亚(王儒林)等。第二天又翻越西进路上著名的隘口乌鞘岭,抵达武威城。这里有一个支部,党员李德铭开了一间"启明书店",以发行《大公报》等书报作掩护。不久前工委得到李德铭被捕的消息,十分惦念这个支部的情况。这次了解到党支部仍安然无恙,便召集有关同志布置和安排了工作。

他俩在武威作了短暂的休息,随后便骑车东返。到达榆中,和张杰、金少伯等党的组织负责人见了面。使党中央的指示和西北工委会议精神很快就传达到基层党组织。

1940年元月,李铁轮(化名李云章)和妻子鲁平,一同来到兰州,以兰新公路局职员的身份住在河口。李铁轮和在兰的工委委员一起详细研究了工作。草拟了目前形势与甘肃党的工作任务的文件。文件分析了甘肃的形势,要求更好地执行隐蔽精干的方针。提出了加强秘密工作,巩固党的组织;注意群众性的统战工作,利用合法手段开展抗日救亡运动;加强农村工作;加强回民工作等四项任务。

为了落实文件所提出的任务，工委决定 1940 年 6 月初，在罗云鹏家中召开工委委员会议。郑重远最早从靖远来到兰州。因参加会议的人还未到齐，就和王实先去兰州市委书记陆云龙处投宿。6 月 4 日，林亦青和李铁轮分别从徽县和河口赶来，考虑到很快就要开会，便留宿在罗云鹏家中。不幸，意外的事情发生了。6 月 6 日凌晨 2 时左右，兰州全市进行户口大检查，警察突然

李铁轮

闯入院内，由于李铁轮、林亦青二人没有申报临时户口，警察一定要带走。罗云鹏再三申辩，结果三人一起被捕。

罗云鹏等被抓走以后，樊桂英的精神陷入了从未有过的恐惧和惆怅之中。丈夫被抓走了，自己该怎么办？她在想：罗云鹏是党的负责人，如果身份暴露，定然凶多吉少，我能做什么？当她望着正在熟睡的只有八个月的俐丽，情不自禁地将她抱了起来，低下头仔细地端详着女儿："这是我和云鹏的亲骨肉啊，绝不能让她落到这伙匪徒手里，要为孩子找一条活路啊！"

她知道，只要走到八路军办事处就安全了，国民党特务是不敢在那个地方公开抓人的。想到此，樊桂英立即抱着孩子向门外走去。但是，在她即将迈出门的一刹那，却有一种莫名的力量使她停下了脚步，她回头环顾四周。视线一下停留在那只旧衣箱上。党的文件！决不能落在敌人手里，否则后果不堪设想。樊桂英毫不犹豫把俐丽重新放在炕上，打开箱子，取出文件迅速塞进炕洞里焚烧销毁。此时，她想到的是党和同志们的

安全，放弃了自己和孩子逃生的最佳机会。时间太紧张了，她把孩子像小猫一样用一根带子系在炕边的窗棂上，任凭哭叫、吵闹、摸爬、翻滚。赶紧把来不及处理的文件藏在院子后面的厕所里。还有些《联共党史》等书籍隐藏在一口枯井内。正在这时，李铁轮的妻子鲁平，抱着刚刚出世的孩子，从医院来到罗云鹏家中，当她得知昨晚发生的情况后，顾不上产后的虚弱，立即帮助樊桂英处理善后工作。

第二天十几个警察将周家庄5号包围起来，把罗云鹏的住房和房东的住房都仔细搜查一遍，由于工委贯彻西北工委指示和樊桂英处理得及时，没搜出什么要紧的东西。就把樊桂英母女和席维汉一起带到警察四分局去了。

当樊桂英母女来到警察四分局时，赵子明也在那里。原来，赵子明是罗云鹏住房介绍人，警察去抓他，他不在，就把他的儿子抓去当人质。赵子明怕孩子小不懂事，暴露了真情，便自动到警察局来，换回了儿子。因此，警察对赵子明、樊桂英、席维汉看管得较松。为了取得一致的口供，樊桂英把和赵子明研究好的口供写在小纸条上，夹在大饼中，送给罗云鹏等人。因而敌人在开始的审讯中一无所获。

和大家一同被捕的房东席维汉受到特务的单独刑讯、逼供，几位同志都听到了他受刑时的喊声和呻吟声，大家心里都很难过。一个贫苦老实的农民，竟受到这样的株连。同时大家也为此捏一把汗，怕他抵挡不住皮肉之苦而说出一些什么来。然而事实证明，这个顾虑是多余的，席维汉居然守口如瓶。这位为人木讷的普通农民是有良心的、是有做人的底线的，尽管他也认识甘工委的几个同志，但没有向敌人提供任何线索；尽管他不大清楚罗云鹏、樊桂英是不是共产党员，但他心里明白，他们确实是好人。敌人审了几遍,觉得确实没有"油水",就将他讨保释放了。

这次清查户口行动,是国民党顽固派反共活动的一个组成部分。特务头子戴笠,不久前曾亲自到兰州来,策划西北的反共活动。为了达到反共的目的,国民党顽固派使用了许多阴谋手段,由于共产党主张团结抗日,得到全国各界人士一致拥护,如果公开反共必然要受到人民的谴责。他们就企图利用日军多次轰炸兰州,人们对为虎作伥的汉奸仇恨的心理,给共产党人加上汉奸的罪名加以杀害。罗云鹏等人被捕后,开始没有公开自己的政治面貌。后来在搜身时,从罗云鹏帽子中掉下一张纸条,落入敌手,这是一份党员教育计划,敌人显然已经知道罗云鹏是共产党员,可是在以后的审讯中,敌人却指控罗云鹏等人是汉奸,扬言要严加惩处。罗云鹏认识到这是敌人的阴谋。现在只有公开承认自己是共产党员,才能挫败这一阴谋。因此,在一次审讯中,他庄严地向敌人宣布:"我是中国共产党党员,我们现在所做的工作,都是为了抗日救国,我是无罪的。"

就在这时,一个刘姓党员被军统特务发现逮捕,当了可耻的叛徒,供出了"在东郊机场附近以烧砖瓦(实为烧石灰)为掩护职业的罗云鹏等人均为共产党员。"由于工委以前和他采取单线领导,在被捕的几个人中,只有罗云鹏和他联系过,而被他出卖了。

敌人更加重视这起案件了,不久,把罗云鹏等押送到位于内城的一分局看守所,由省会警察局直接审理。在四分局,几个人是分别关押的,互不了解情况。押送的路上,大家才见了面,有多少话想说,却找不到机会,只能以关切的眼光互相打量着。来到一分局看守所的院子里,看守忙着进行交接手续,旁边无人,罗云鹏趁机向大家扼要说明了自己的情况,并鼓励大家说:"我们必须提高警惕,揭露他们的阴谋和花招,不要多说一句话,以免被敌人抓住漏洞,钻空子。答不上就说不知道,或者都推到我的身上。这是严峻的政治斗争,不能动感情。我们中间哪怕有一个人逃脱,都是我们的胜利。"他的这种自我牺牲的精神,使大家十分感动。

在一分局看守所,敌人对罗云鹏等进行了多次审讯,罗云鹏以共产党员大无畏的气概,和敌人进行针锋相对的斗争,公开揭露国民党顽固派假抗日真反共的阴谋,斥责顽固派背叛孙中山先生的革命三民主义,打着抗日的招牌,干着反共反人民的无耻勾当,是破坏抗日民族统一战线的罪魁。

敌人理屈词穷,恼羞成怒,对罗云鹏施以坐老虎凳、压杠子、悬梁拷打等酷刑。还扬言要用麻袋把他装起来投入黄河,企图以死来威胁,动摇罗云鹏的革命意志。罗云鹏面对这些,泰然自若,坚强刚毅,毫不动摇,表现了一个共产党员的高贵品质。一次在审讯中,敌人拿着笔和纸对他说:

"如不怕死,你就签字。"

罗云鹏毫不犹豫,接过纸来,挥笔疾书:"共产党员罗云鹏不畏牺牲。"弄得敌人无法下台。

罗云鹏利用各种机会,设法把自己的情况告诉难友,勉励他们坚定立场,革命到底。他说:"对党要忠诚到底,死也不能给敌人说一句实话,不能损害党的利益。"被捕的五个同志,都经受了考验,更加团结一致对付敌人。他们还利用赵子明的老伴和亲戚探视的机会,同狱外的工委委员王实先、郑重远等取得联系,接受上级指示,坚定了他们与敌斗争的信心。

樊桂英母女被关在后面的女监里,其实除了她们母女就没有其他女犯了。监管是一个五十多岁的女看守,很刻薄,不许俐丽哭叫,不让离开牢房一步，甚至大小便次数稍多也要遭到训斥。

樊桂英在几个月牢狱生活的折磨下，再也挤不出奶水了，犯人每天三碗黑面糊糊汤加少许土豆片的伙食已经够恶劣了，而且还没俐丽的份。樊桂英向看守提出要多打一份儿，看守却说："上面交代过，小孩儿不算犯人，没有她的口粮。养活不了把她弄出去给人算了。"

一天深夜，母女正在睡梦中，门锁哗啦一响，樊桂英突然被提到看守所后院受审，特务要她承认是共产党员，并交出组织关系。她拒不承认。特务们给樊桂英用刑，用竹条使劲夹她的手指，十指被夹破，钻心的疼痛，使她昏厥过去。当她稍微清醒时，听见被扔在号子里的俐丽在大声哭叫，樊桂英挣扎着喊着："我要看我的孩子，看我的孩子……"

女特务企图利用孩子动摇樊桂英的意志，说道："谁不爱自己的孩子，你男人犯了大法，你只要声明同他脱离关系，就可以放你们出去。""你年纪轻轻，何必跟罗云鹏走绝路。"

她忍受着肉体和心灵的剧痛，对女特务愤愤地说："孩子有什么罪？我要喂奶！喂奶！她饿了……"她又略微提高嗓音说："罗云鹏是我丈夫，想让我脱离罗云鹏，背叛罗云鹏，绝不可能！绝不可能！"

当樊桂英带着血淋淋的双手跌跌撞撞回到牢房时，眼前的景象使她肝肠欲断：在牢房肮脏的地上哭喊挣扎了几个小时的俐丽，早已是筋疲力尽，似乎睡着了，脸上、身上粘着泥土、屎尿。当她忍着剧痛抱起俐丽时，俐丽醒了，嗓子沙哑，欲哭无声，她紧紧地抱着孩子，两人的泪水和血水融流在一起。

一分局的看守人员中，有一部分是所谓的"防护团员"。这些人大多数是由当局强摊硬派而来维持治安的劳动群众。他们对国民党反动当局都有不同程度的不满。罗云鹏在敌人面前表现出的英雄气概,使他们中的一些人敬佩,对罗云鹏等人的态度较好。大家就寻找机会对他们进行教育,宣传抗日救国的道理。有个十五六岁的小青年,在罗云鹏的影响下,主动帮助做了不少事。他曾把大街上贴报栏中的报纸撕下来,偷偷地从门缝中塞进牢房给罗云鹏;有时偷着买一些外伤药膏;给俐丽送些吃的;甚至还冒着风险,为同志们传递条子。

罗云鹏等同志被捕以后,党组织和同志们十分关心,立即设法营救。王实先、郑重远一方面把情况报告给八路军驻甘办事处转告中央;一方面通过交通员王泽喜和赵子明的老伴,与狱中同志设法取得联系,了解案情进展情况;并给罗云鹏等送去食品、衣物和零用钱,传递消息。开始狱外同志想花钱活动国民党上层人士进行营救,后来由于罗云鹏的身份已经暴露,这条渠道已不能奏效。1940年七八月间,王实先便亲往延安向党中央汇报,请示营救办法。王实先向李富春同志报告了工委被破坏的详细经过,以及曾经采取过的营救措施。李富春同志立即给王实先一封信,让他去找周恩来同志。周恩来听了王实先的简要汇报后,沉思片刻说,他将向重庆国民党中央发电,通过这个途径试试看。与此同时,八路军驻甘办事处也多方进行营救活动。通过十八集团军驻重庆办事处向国民党政府进行交涉。

中央指示甘肃工委,设法通知罗云鹏等同志:第一,周恩来同志正设法营救,狱中暂时不要采取过分激烈的斗争手段;第二,利用在狱中的时间,组织学习,总结经验教训,提高思想水平;第三,注意利用一切可能的条件,锻炼身体,准备迎接更严峻的考验。在兰州的郑重远接到中央指示,通过赵子明老伴给狱中送东西的机会,把指示精神传入狱中,极大地鼓舞了罗云鹏等同志坚持斗争的信心。

后来得知,在国共合作共同抗日的形势下,一贯视共产党为大敌的蒋介石,还是做了一点表面文章,向有关部门转发八路军驻甘办事处给八战区司令长官朱绍良的电报一份,其大致内容是:"罗云鹏等系十八集团军驻兰州飞机场附近侦防日本飞机轰炸兰州情况的工作人员,被八战区误以汉奸捕押,望令释放。"但秉命于蒋介石的军统局却暗使手脚,以"并未管押罗等"为由,敷衍过去,营救未果。

九　组织越狱

　　1940 年秋,罗云鹏等人被转移到兰州郊外沈家坡警察局看守所。这是一个用旧庙改建的监狱,关押着许多参加暴动的回民群众。罗云鹏等人来后,由于牢房不够,所以,除樊桂英母女关押在女牢房外,罗云鹏、李铁轮、赵子明、林亦青等四人关在同一间牢房内,同志们又见面了。被捕以来,几个人一直是被单独关押的,虽然近在咫尺,却很少能见面,情况就更难了解。有话无人说,有事无法商量,互相挂念着。现在又到一起了,他们互相倾诉着两三个月来的情况,交流着自己的思想活动。

　　被捕后,罗云鹏除了考虑如何和敌人斗争以外,对于这次出事的原因也作了分析。对于敌人这次行动,自己为什么一点也没有察觉?李铁轮、林亦青来兰后,由于自己的疏忽,没有给他们申报临时户口。如果报一个临时户口,现在这样的遭遇是很有可能避免的。这次工委被破坏,自己有着不可推卸的责任。他感到十分惭愧,对不起党,对不起同志们。这次教训太深刻了,如果能有出狱的可能,一定要加倍努力工作,来弥补这一损失。罗云鹏的自我批评精神使大家感动,各自也都进行了自我批评。同志们团结一致,形成了一个战斗的集体。

　　根据当时的情况,大家意识到,必须要有长期坐牢的思想准备,必须要有一套对敌斗争的策略和办法。在大节上,必须坚持原则,坚定革命立场。但在斗争的方式方法上却可以灵活巧妙一些。因而决定:第一,对敌采取强硬态度,粉碎特务分子的"感化"企图。对于一般看守人员,可采取缓和一些的态度, 利用他们的弱点, 争取为我们创造一些有利条件;第二,要为争取改善待遇而斗争,要求吃饱、放风、看书报、接见亲属等;第三,要保护和锻炼身体,保留革命本钱,准备迎接更大的困难和考验。

到沈家坡不久,中秋节到了。这天,第八战区司令长官部调查室特务、警察局科长范墨君一行数人来到看守所,带来了月饼等"礼物",对罗云鹏等进行"看望"。同志们一眼就看穿了这是"笑里藏刀用意深,故施小惠买人心"。但是,为了给今后斗争创造条件,大家将计就计,来了一个"教他枉费牢笼计,收了东西不感恩"。一面收下了东西,一面趁机提出各种要求。

"你们虐待政治犯。这里伙食太差,要求改善。"

"我们要求看书报。"

"应该允许会见家属。"

大家提着抗议和要求。范墨君假惺惺地一边摇头一边说道:"唉! 的确你们在这里辛苦得很,何必如此。其实,只要你们肯承认一下,就可以出去的。"

"你要我们承认什么? "罗云鹏反问道。

"你们只要拥护三民主义, 承认共产党不合国情, 声明退出就可以了。政府宽大为怀,绝不为难你们。今天我来,就是这个意思。"范墨君一语道出了这场"看望"的真实目的。

在这个大是大非问题面前,罗云鹏哪能退让,立即驳斥道:"革命的三民主义,我们是拥护的,并且认为在目前阶段,革命的三民主义为今日中国所需要，我们愿意为它的彻底实现而斗争。然而，我是共产党员，信仰共产主义，要为实现共产主义奋斗终生，这是永远不能改变的信念。"为了彻底粉碎敌人"感化"的阴谋，罗云鹏进一步说："当前抗日救亡是当务之急，中国共产党一贯主张抗日，抗日是无罪的！我对你们这种破坏抗战，破坏抗日民族统一战线的行为提出抗议！"

范墨君自作聪明，本打算利用"每逢佳节倍思亲"的时机，施一套"感化"诡计，却没想到讨了个没趣，弄了个赔了"夫人"又折兵，扫兴而去。

上司碰壁，喽啰们也受了教训，他们认为政治犯和刑事犯不同，不好对付。从此后，看守们那种明目张胆地贪污克扣收敛了一些，伙食得到了一些改善。有段时间，白面被换成麸子面，从这以后，又恢复过来。除此，还允许放风半小时，赵子明的家属也能经常来看望大家。斗争取得了初步胜利。

大家还对每个看守人员进行了分析研究，掌握他们的性格，利用他们的弱点，争取有利条件。这里的看守人员，很多是老狱卒，不少人抽大烟，爱占小便宜，没有什么政治头脑。随后换来的一个管理员，表面上也还"开明"。大家对症下药，对他们开展工作。赵子明的老伴在探望大家时，经常带一些豆腐之类的豆制品，送一些给管理员和狱卒，不断让他们占一点小便宜，使他们在思想上逐渐麻痹，在管理上有所松懈。放风本规定半小时，如管理员不在，就可以延长一些，甚至白天可以不锁牢门。冬天还允许用纸糊门窗、生火炉。赵大嫂来探望时，谈话时间也可以长一些，检查也放松了。大家还通过赵大嫂，把纸条放在油壶或衣缝内带出去，和狱外党组织取得联系，得到党的关怀和帮助。党组织还给大家送来了衣服和零用钱。

狱中的生活是单调、枯燥的。罗云鹏和大家一起想方设法进行调剂，他教大家练"八段锦"，林亦青教大家唱《义勇军进行曲》《国际歌》《流亡三部曲》，还用黄泥捏成象棋和围棋来消遣。后来，赵大嫂送了些羊毛、驼毛，大家学着捻线、编织毛衣、毛袜，还用黄泥和废报纸，做些不倒翁之类的玩具给俐丽玩。他们还经常进行思想交流，互相帮助，开展批评与自我批评，总结经验教训。所以，这段时间里，大家的情绪比以前稳定，信心更大。

1941 年元月，"皖南事变"发生了，国民党顽固派掀起的第二次反共高潮达到顶点。消息传来，罗云鹏等对形势进行了分析，认为全国形势趋于恶化，被营救出狱的可能性恐怕不大，并且随时都有遭到杀害的可能。因此，一方面必须从最坏的情况出发，做好思想准备。但同时也不要放过一切有利的机会，如有可能，就组织越狱。在这里，越狱的先例还是有的。前不久有几个带着脚镣的回民不是成功地越狱了吗？况且，越狱的条件还是有的。他们所住的牢房是旧庙的门道改建的，后墙是这座旧庙原来的四扇大木门，门外隔着一道不高的木栅栏就是大路。如果能把木门搞开一个洞，就能顺利越狱。此时，又正值隆冬，牢房内生有火炉，只要能搞到一些铁条烧红，就可以把木门烙开一个洞。这样既方便，又无大的声响，是最现实、最好的办法。因而，大家决定积极进行越狱的准备，如有可能，利用即将到来的春节进行越狱。

越狱的准备工作是十分秘密的，也是料想不到的顺利。赵子明利用给管理员修改火炉的机会，"偷"出两根铁炉条，一下就解决了挖洞的工具问题。大家便把两根铁条放在火炉中烧红，轮流在木门上烙洞。烙木板有烟味，怕被看守嗅出来，就以屋内太臭为理由，要求买些香熏着，以香的香味遮盖；为了挡住看守的视线，就以天气太冷为理由，在门上挂上毯子；门板太厚，一夜烙不完，又以门板有缝透风为理由，在门板上糊纸，凡是烙过眼的地方，就加糊一层纸盖起来，不露一点痕迹。准备工作虽然进行得很紧张，但同志们表面上却装得若无其事，如同平日。这样经过三个夜晚谨慎而巧妙的工作，终于把厚厚的木门，烙开了一个比一平方尺大一点的洞。

越狱的准备工作完成了，越狱的计划就要实现了。大家心中是多么不平静啊！一方面，为即将获得自由而振奋；另一方面，又由于樊桂英母女关在女牢，无法和大家一块越狱而难过。特别是罗云鹏，面临着抛妻弃子、生离死别的可能，心情更是痛苦。可是，他以革命利益为重，克制自己的感情，利用放风的机会，一再勉励樊桂英要坚定意志继续斗争，锻炼独立作战的本领，和敌人作顽强不屈的斗争。

1941 年的春节来到了。正月初五夜晚，看守们吃喝嫖赌之后酣睡去了。过节的欢乐使敌人麻痹，加上越狱的准备工作周密，使敌人毫无察觉。午夜时分，看守所周围一片寂静。罗云鹏他们开始了越狱的行动。在黑暗中取掉烙下的门板，几个人逐次地出了牢房。罗云鹏留在最后。他走到牢门口，静静地遥望着女牢方向……片刻，他猛地转过身来，大步走向出口，以敏捷的动作出了牢房，和同志们一起，越过那道栅栏，顺利地越狱。

兰州的冬夜十分寒冷。然而，衣服单薄的罗云鹏等，却由于越狱的紧张和获得自由的兴奋，身上反而热乎乎的。他们在黑暗中急速向前奔走着。

冬夜，凌晨两三点钟，天气格外寒冷。樊桂英从朦胧中醒来，摸了摸俐丽,为她掖好被子,把身体紧紧地贴住孩子,竭力想多给孩子一点温暖。才到这里时,女牢人满为患,一间小房内囚着十几个人,每人睡觉之处,只有一条板凳宽,刚刚够一个人侧着身子躺着,加上俐丽,简直无法睡觉。为了不挤着孩子,她每晚总是半侧着身体,从没睡过一个好觉。后来,男牢房腾出一间作女牢,情况才好一点。到了冬天,四面透风的牢房内,寒气逼人,使人辗转反侧不能入睡。

樊桂英环视一下牢内,又向牢外看去。外面漆黑一团,死一样的寂静,只有不时传来几声难友们的叹气声、咳嗽声,才使人感觉到,在这座旧庙内还存在如此多的人。

她努力控制着自己,闭上眼睛,想再睡一会儿。

"叭!叭!"突然,远处几声清脆的枪声划破寂静的夜空。

"哪里打枪?不知又出了什么事?是捕人还是杀人?"樊桂英想道。

约摸过了半个时辰,一阵急促的敲门声,夹杂着粗野的喊门声把大家惊醒。

"快开门!他妈的。"

"睡得和猪一样,你们的人跑了都不知道。"

随着一阵脚步声,大门开了。几道手电亮光在院内晃来晃去。透过铁门,隐约可以看见三个背枪的兵和值班的看守说着什么。那看守十分惊慌,叫醒了其他看守,一齐拿着手电筒,逐个牢房查看。不一会儿,两个看守径直向樊桂英的牢房走来,气急败坏地大喊道:"张英,你男人他们跑到哪里去了?"雪亮的手电光照得樊桂英睁不开眼来。

"啊!云鹏他们越狱了,太好了!"樊桂英心中暗喜嘴里却回答说:"我咋知道呢?"

"不要嘴硬,回头找你算账!"看守说着转身随背枪的人出去了。

好大一阵,看守所内才恢复了原来的安静。可是,樊桂英的心情却无法平静下来。她又是高兴,又是担心,又是怀念,百感交集,无法入睡。"老罗他们是怎样越的狱? 刚才为什么打枪? 他们现在在哪里呢? "

罗云鹏等人越狱后,按照原来的计划,四人分成两组,先向阿干煤矿方向前进,然后绕道奔赴延安。遗憾的是,发生了意外。当他们走到孙家台时,碰上了敌人的巡逻兵,敌人打了两枪,四人跑散了。由于越狱的具体时间无法确定,未能及时通知狱外党组织接应。罗云鹏、林亦青两人因为道路不熟,不幸又被第二次逮捕。上午 10 时左右,两人又被押回看守所。

罗云鹏等人的越狱,使敌人十分震惊。他们给罗云鹏、林亦青带上24 斤重的大脚镣,除吃饭、上厕所外,整天戴着手铐,严加看管。

罗云鹏问林亦青:"你是怎么被捕的? "

"分散后,我顺着一条小路走,结果是条被水冲断的路。我从崖上往下跳,摔伤了腿,走不成路,被敌人发现。你呢? "林亦青反问道。

"我跑进一条山沟,天黑看不清路,绕来绕去,天亮一看,没有走出多远,被敌人发现了。"

"老李、老赵大概脱险了吧! "

"很可能,跑出去两个,也是我们的胜利。祝他们一路平安! "

再不允许放风了。过去每到放风时间,樊桂英母女可以和罗云鹏见一见面,说几句话。现在,樊桂英只能隔着铁窗看一看罗云鹏和林亦青。他们是怎样第二次被捕的呢? 她不知道,只是从内心为他们惋惜。

1941 年 3 月,罗云鹏、林亦青和樊桂英母女四人,被转移到城内甘肃省第二模范监狱。这是一所正规的监狱,青砖的高墙上架设着电网,门卫森严。这里关押着的绝大多数是刑事犯,一般都是判了死刑、无期或二十年的重刑。有些人青壮年入狱,现在已是头发花白了。有些人精神被折磨得很不正常。牢房内阴暗潮湿,疾病丛生。每日里,精神失常者的哭哭笑笑,病者凄惨的呻吟,脚镣声叮当作响,给人以恐怖的感觉。一个怯懦者在这里是无法活下去的。然而,罗云鹏却始终坚定信念,毫不屈服。只是到这里不久,他便染上了严重的伤寒,躺倒了,高烧不退,头发都掉光了。

十　顽强的生命力

1941年4月的一天，几辆马车一字排开，从市区的街上走过，引起不少路人注意。最前边的那辆，坐着两个荷枪实弹的警察开路，中间三辆是带篷的车，前后都盖得严严实实，每辆车的车辕上坐着一个带枪的警察。跟在后面的一辆轿车，车篷前后都敞着，篷子里坐着三个警察。这是几辆囚车，车队向西穿过街道，再折向北去，过了黄河铁桥，又向东走去。

被押在第一辆囚车内的是樊桂英母女，还有一个叫王德纯的年轻四川女子，她们是到模范监狱以后才认识的。罗云鹏单独躺在第二辆囚车之中。伤寒病极大地损坏了他的身体，不能坐起来，但神志却十分清醒。第三辆囚车内是林亦青，这个健壮的小伙子，在狱中经受将近一年的折磨，身体已明显衰弱了。

"拉我们到哪里去呢？"拉车的骡子踏着铺在铁桥上的木板叮咚作响时，罗云鹏想："莫非是拉到深山中处死不成？"他想坐起来，但太虚弱了，勉强挪动了一下身体，靠在车篷上。

马车向东走了约两三里路，突然向北转进一条山沟之中，在坎坷不平的山路上缓慢行驶着，东拐西折地约摸走了一个多小时，最后走进了一个被高高的土墙围着的院子里。当他们从车上下来时，警察带着几个看守正向马车走来。

"两个女的到小号,两个男的到大号。"一个显然是看守中的小头目说道。

罗云鹏在林亦青的搀扶下,艰难地向一所大房子走去。自从沈家坡越狱罗云鹏被二次抓进监牢后,樊桂英很少能见到罗云鹏。她知道罗云鹏病了,现在看到林亦青搀扶着的他行走困难,面色黑黄,左边脸颊上有一道很长的伤疤,瘦弱的身体艰难挪动时,心里难过极了。急忙过去扶住他:"云鹏,你……"便哽咽着说不出话了。

樊桂英看到罗云鹏病成这个样子,心中想,没有人护理他怎么成呢?

"我丈夫病成这个样子,我要和他在一块照料他。"她向看守说。

"那是男监,你去咋成!"

"他是我丈夫,我不照顾他咋成!"樊桂英边说边向罗云鹏走去。

看守所为了减少麻烦,也就同意了。

所谓大号,就是大牢房,是一座兰州常见的土房子,比学校里的教室大一点。房子较高,在一边山墙上,有一个不太大的门,两侧有几个小窗户,离地面很高,无法从那里看到外面的情况,实际上是几个通气孔。房内紧挨着墙,竖立着一圈碗口粗的木柱。柱子的间隔很小,从地面一直到屋顶,是防止"犯人"挖开土墙逃跑用的。一排地铺睡着二十多个人。因为每天只放一次风,平时解手都在屋内,所以,一人一个尿罐放在一边。罗云鹏他们三大一小来后,本来就很拥挤的牢房,显得更加狭小。

罗云鹏的病是相当严重的。这里根本没有医治条件,营养当然就更谈不上了。经过争取,看守所允许罗云鹏每日到牢房外面多晒两三个小时的太阳,算是特别优待了。每天,太阳出来以后,他就在牢房外墙脚下,依着墙晒一晒太阳。这使他对看守所有了更多的观察机会,加上难友们

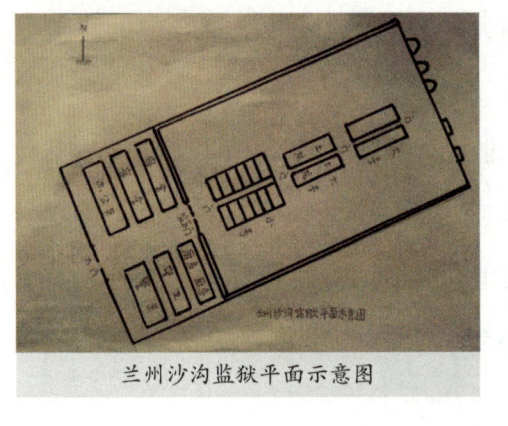

兰州沙沟监狱平面示意图

的介绍，罗云鹏对这个看守所的情况逐渐有了了解。

这里是国民党甘肃省党部调统室设在大沙沟的看守所，也称特种看守所，实际上是个秘密监狱、集中营。位于黄河岸北李家湾（也叫沙沟）东侧，远离城市，周围基本上没有什么人家，并且禁止亲属探视，因而几乎与世隔绝。看守所大体坐东朝西，是在一面山坡上开出一块平地建成的。东北面是削山形成的峭壁，其他三面是土夯的厚厚的围墙，大门开在东南面，进了大门，是一个院子，左右是几排平房，右边是警卫室和两个厨房，一个是"犯人"厨房，一个是看守们的厨房。左边的几排平房是看守的宿舍、办公室以及审讯室，都是清一色的泥土平顶房。穿过院子，就是监区。监区高墙内的建筑倒是很简单的。南北方向一并排有三座大房子，北边的两座是大号，南边一座稍大一点的是小号，就是单身囚室。三座牢房之间都有一段间隔。大小三间牢房共监禁着五十多名难友。再向后，隔着一段距离，在人工削开的山崖上有一排窑洞，是看守体罚、刑讯难友的地方，难友们叫做"阎王洞"。窑洞旁边是很简陋的两处厕所。这就是看守所的全部建筑。附近没有水源，每天用毛驴车去几里路外的黄河边拉水。

看守所有一二十个看守。从所长到看守，几乎都是受过专门训练的特务分子，心狠手辣，是反动派的忠实走卒。

罗云鹏虽然重病在身，却始终想着坚持斗争。他对樊桂英、林亦青说："必须尽快搞清这里难友的具体情况，我的身份已公开暴露，和别人接近容易连累别人,你俩要加强活动。"

"全面了解存在困难,三个牢房分别放风,别的牢房的人连面都见不着。"樊桂英、林亦青说。

"先从我们牢房开始,逐步扩大。"罗云鹏解释道。

在众多难友中,罗云鹏最早认出的是王洛宾。一次放风,重病在身的罗云鹏有气无力地坐在墙根晒太阳,一个难友悄悄地走过来:"你是罗先生吧!"

罗云鹏看着这个操着北京腔、瘦瘦的男子,想了想迟疑地问:"你是王洛宾先生吧! 你怎么也在这里?"

"是的。"王洛宾看看四周没有看守:"还有一个你也认识。"王洛宾呶呶嘴。

罗云鹏向他呶嘴的方向看去:"丛德滋!"

入狱前他和王洛宾、丛德滋虽然不熟,接触过几次,但彼此都有些了解。他俩被捕都是罗云鹏等人被捕后的事,因此,罗云鹏并不知情。在后来多次交谈中,才得知他们俩被捕的情况。

1938 年秋,由谢觉哉、伍修权介绍,丛德滋加入了中国共产党,还参加了第三国际和党的情报工作。1939 年年底到 1940 年春,国民党顽固派发动了第一次反共高潮,甘肃反动当局进一步加强了对新闻出版的控制。夏天,民众通讯社也被"注销登记",勒令停止发稿。

民众通讯社停办后,丛德滋又通过和第八战区政治部主任曾扩情的关系,到政治部工作,担任曾扩情的秘书,并兼任政治部设计委员。丛德滋利用这一公开职务,继续开展党的工作。

1940 年中共甘肃工委遭到破坏,丛德滋的处境十分不利。一次,伍修权关心地对丛德滋说："现在情况不好,外面风声很紧,我们应该有充分准备。"丛德滋回应说："没什么,我看还不要紧。"

"皖南事变"后,丛德滋的活动逐渐被特务觉察,加上叛徒的出卖,使他面临极大危险。1941年1月20日(农历腊月二十三日),曾扩情以请吃饭为名逮捕了他。被捕后,敌人开始企图以名誉地位、物质利益来诱骗他变节。特务头子孙步墀等人亲自找他谈话,企图软化他。但是,丛德滋意志坚强,痛斥特务,严守党的机密。敌人利诱失败后,便对他施以酷刑,甚至将他的头发系住吊起来。但是,他仍然坚定不移,不屈不挠,并以各种方式与难友一起同敌人斗争。

王洛宾原名王荣庭,原籍浙江,1913年12月28日生于北京一个手工艺者家庭,从小就显示出极高的音乐天赋,先后从师于国内外音乐名家,为其后来的音乐事业打下了坚实基础。1931年"九·一八"事变后,他参加了北平党组织的南下请愿活动,1934年肄业于北平师范大学音乐系。1937年抗战全面爆发后,他前往山西参加八路军的"西北战地服务团",1938年4月经西安八办介绍,在兰州王氏兄妹邀请下,与萧军、塞克等五人来到兰州。王洛宾生性好动、开朗,经常深入民众下层,与劳动者广交朋友,从群众中汲取音乐创作的灵感和养分。1939年的一天,一支从新疆运送苏联援助中国抗战物资的车队路经兰州,王洛宾所在的西北抗战剧团,举办了两次慰劳车队工友的联欢会。在联欢会上,车队一位维吾尔族司机为表示答谢,即兴唱了几句新疆民歌。那特殊的曲调和韵律,一下子震惊了音乐家王洛宾。王洛宾如获至宝,会后专门去向那位司机求教,还请"葡萄客"朋友帮忙翻译,记下了乐谱和唱词。从此,《达坂城的姑娘》诞生了,并从兰州走向全国。

王洛宾先后谱写了大量西北民歌,其中《达坂城的姑娘》《在那遥远的地方》《半个月亮爬上来》《玛依拉》《可爱的一朵玫瑰花》《阿拉木汗》《哪里来的骆驼客》等,更是人人爱唱,他被誉为"西北歌王"。

国民党解散了抗日群众团体后,王洛宾前往青海,在一所中学当音乐教师,教学生唱抗日歌曲,写了一些抗战歌曲。1939年年初,民众通讯社主编丛德滋去西宁,曾通过他,收集了许多青海社会、政治、经济、军事等情报,被特务机关发现。1941年春,王洛宾来兰州办事,被特务逮捕关押在这里。

罗云鹏为他们的遭遇感到惋惜和痛心。

罗云鹏需要了解别人,别的难友也想了解新来的这几个人。整天关在一起,平时又没有什么事干,他们之间很快都熟悉了。当人们得知罗云鹏是共产党员,是中共甘肃工委负责人后,不少人都对他非常关心。李天福、王昌明、王占魁等人是罗云鹏最先相识的难友。他们是被俘的红军战士,第一批来到这里。他们虽不是共产党员,但是,经过革命军队的陶冶,对共产党有着极深的感情,对罗云鹏显得格外关心和尊敬。因为没有文化,他们被看守视为大老粗,经常派出去干活。王昌明的脚在长征途中冻掉了趾头,走路有些跛,每天赶着毛驴车去黄河边拉几趟水。他对这里比较了解,给罗云鹏介绍了不少情况。

"你别看这二十多人,干什么的都有。"老红军看看牢门,见没有看守,又接着说:"说是关押的'政治犯''要犯',实际上,很多人是吃冤枉官司的。你看,那边靠墙的老头,"王昌明用嘴呶了一下,只见房子的另一边山墙下,坐着一个五十多岁的老汉,头发花白,若有所思地在那里抽着烟斗。"听说他是哪个学校的教授,姓王,说他鼓动学生闹事抓进来的。"

一个看守的影子,在牢门口闪了一下,王昌明停止了说话。

经过一段时间的了解,情况基本清楚了。同室关押的二十多个人中,有工人、教师、学生、商人、文化工作者,还有老红军。从政治态度来看,有共产党员、进步人士,也有国民党员和一般群众。他们是由于各种原因被抓到这里来的。

青年工人王树,思想倾向革命,因为去八路军办事处借书,被特务跟踪逮捕。他和特务们争辩说:"你们为什么抓我,不让看书,我可以不看,为什么抓人?"敌人用烧红的烙铁,烙在他的背上,吃了不少苦头,他始终不屈服。共产党员老孙,因为在街头卖《新华日报》被抓来的,身份尚未暴露。罗克俭、高潘公两人,原来都是西北公路局的司机,罗克俭还是国民党员。由于他们对国民党反动统治不满,被特务枉加罪名,指控他们是共产党兰新公路交通线秘密联络组织成员,加以逮捕。这一案关在这里的共四个人。"主犯"是一个名叫胡润宝的人,关在小号。还有一个就是和樊桂英同车来这里的那个四川女难友,也在小号。

还有几个人抓来的更是莫名其妙,那个三四十岁的中年人,是兰州白玫瑰理发店的掌柜。据说,不知哪里的一个白玫瑰理发店是共产党的联络点,被破坏,因而,全国所有的白玫瑰理发店都被审查,逮捕了许多人。他就是这样糊里糊涂地被抓来的。其实,在政治上,他什么党派也不是,特务们既不调查,也不处理,长期关在这里。他有一手好手艺,除理发外,还能按摩推拿,给难友们解决了不少问题。看守们也常找他理发。还有一个山西人,家乡被日本帝国主义侵占以后,流亡到兰州,靠打莲花落要饭度日。他对于八路军平型关大捷十分兴奋,编了一首以平型关大捷为内容的莲花落,在街头演唱。特务们硬说他是共产党,抓了起来。张子荣也是山西人,是个地道的买卖人,精明能干,胆子却很小。因为婚姻问题,和一个反动分子发生矛盾,被诬陷抓进来,关在这里无人过问。还有一个姓马的回民,无辜被捕,因无法忍受虐待,曾用毛笔上的铜笔帽,将动脉血管弄断,想要自杀,幸亏被难友及早发现,抢救未死。除此,还有杨永贤等几位思想进步、血气方刚的进步青年。

"真是冤狱遍及全国啊!国民党反动当局在民族危亡大敌当前的时刻,不去组织人民抗日杀敌,却花费如此力量,来对付浴血奋战的共产党、八路军,对付手无寸铁的革命群众,真是可耻之极!同时,这也说明他们的虚弱。他们害怕群众,必将被人民群众所抛弃。"每当罗云鹏谈到国民党特务们的反动罪行和荒诞无稽的丑事时,总是忿忿地这样对大家说。

一个多月过去了,说也奇怪,在一无医药,二缺营养的恶劣条件下,罗云鹏严重的伤寒竟然痊愈了。脱落的头发开始长了出来。樊桂英十分高兴,开玩笑地对罗云鹏说:"你刚生病时看那样子我心想,在这种环境里,你可能活不了啦,现在居然好了!"

罗云鹏笑着说:"共产党人是特殊材料铸成的嘛!革命任务没有完成,马克思是不会让我去报到的。"他看了看憔悴的妻子,亲切地说:"这段时间也难为你了,应该给你记一功。"

这话是发自罗云鹏内心深处的。这段时间里,确实难为了樊桂英。罗云鹏病倒以后,她真是心急如焚。在这样恶劣的条件下,老罗能熬过去吗?来到沙沟看守所,她和老罗住在一起,可以照顾老罗了,但是,看守所根本不给治疗。伙食的恶劣程度远远超过沈家坡,差不多顿顿都是糊糊洋芋,偶尔才能见到一点杂粮馍馍。这些饭食根本不适合病人。加之,俐丽不属"犯人"之列,看守们不高兴时,便不给饭。这样,她既要照顾不懂事的孩子,又要照顾有病的老罗。只有把自己的一份匀给孩子一些,尽量把好一点的给老罗吃,自己忍受着痛苦。特别是一个年轻女性,和二十多个男人住在一起,虽然男难友们尽量予以注意,想法回避,但是牢房内无遮无盖,生活起居极不方便。她以极大的痛苦忍受着这一切,只是希望老罗的病体早日康复。如果没有坚强的信念鼓舞着她,那是无法想象的。现在老罗终于凭着极大的毅力,顽强地活下来了,樊桂英自然十分欣慰。

罗云鹏也为能有这样一个革命伴侣而高兴。

"好了!说这些干什么。现在应该和林亦青一起研究下一步的活动如何开展。"樊桂英对罗云鹏说。

当他们三个人聚在一起时,罗云鹏谈了自己的想法:"经过这段时间的工作,我们对牢房中的情况比较清楚了。这二十多个人,虽然各自经历不同,思想认识水平也不一致,但有一点是共同的,那就是:由于国难家仇,他们对国民党都是不满的。有些还很同情共产党,比较容易接受共产党的思想。因此,只要我们方法得当,有一个领导核心团结大家,在狱中开展活动完全是可能的。你们看如何?"

樊桂英、林亦青对罗云鹏的分析是同意的,对于如何开展工作发表了意见。最后决定:一、已经公开身份的共产党员,要立场坚定,旗帜鲜明;没有暴露身份的共产党员,要加强隐蔽,暗中活动,甚至可以表现得灰一点,给敌人以假相,保存革命力量。二、对中间分子,要团结、帮助关怀、教育他们,使他们接受中国共产党的思想。三、利用一切机会,采取灵活的方法,和敌人进行斗争。罗云鹏鼓励大家说:"开展斗争肯定有不少困难,甚至要有牺牲。但是,我们应该相信,只要有党中央、八路军、新四军在,革命一定会取得胜利。为了解放劳苦大众,为了我们的下一代,多少先烈献出了宝贵的生命,我们吃一点苦又算什么呢!要经得起考验,顶得住压力。"

罗云鹏以顽强的毅力战胜了疾病,又成立了以他为首的狱中党小组。新的斗争就这样开始了。

十一　生命不息战斗不止

　　沙沟看守所，每天一次放风时间。因为放风是各间牢房分开进行的，一个牢房放完，再放第二个。看守们为了能早点结束放风，因而给的时间很短，只有去厕所倒尿罐、解手的一点时间。这样的放风实际上是走过场。

　　除一些被认为是次要的"犯人"，有时被派出去干活以外，其他人从早到晚关在牢房内。这里完全是封闭式的监牢，不准看书看报，晚上连灯也没有。"犯人"之间不许随便说话。看守所并没有什么明文规定，说明可以干什么，不可以干什么。不过这对看守人员倒是方便的。他们可以随心所欲，可以找任何借口处罚"犯人"。看守所长梁俭，非常残暴，经常审讯刑罚难友，大家非常恨他。看守头子牛世元，兰州人，中等个子。表面上看起来还和善，实际上是一个心狠手辣的家伙。经常操起扁担打人，难友们给他起了个绰号叫"牛扁担"。

　　这里的卫生条件实在太差。夏天臭虫、跳蚤、苍蝇、蚊子十分猖獗。那竖立在牢房四周的大木柱上，凡是有裂缝和小洞的地方，都被臭虫占据着，密密麻麻的，每到晚间臭虫就活动起来了，有的顺着柱子爬下来，有的像跳降落伞一样，从上面掉下来。牢房内铺在地上的麦草，成了跳蚤良好的生活繁殖场所，在大家身上、被褥上随处可见。臭虫和跳蚤咬得人简直不能入睡。那一人一个尿罐的臭味，引来一群群苍蝇，嗡嗡直叫。由于不能洗澡换衣，大家衣服上都长满了虱子，捉也捉不尽。看守所不发被服，又不准探监，难友们身边只是入狱时随身带去的东西。偶尔有哪位难友出狱，把衣服被褥日用品留下来，就是唯一的补给来源。因而，难友们普遍都缺衣少被。到了冬季，牢内不准生火，衣被单薄的难友们，几个人挤着一床被子，彻夜难眠。伙食方面，不但质量差，数量也不够，根本吃不饱。很多人饿得动弹不得，浮肿、生病的不少。

"首先应该通过要求改善生活和卫生条件的斗争，来发动和团结大家。"罗云鹏把自己的想法告诉了樊桂英和林亦青，得到两人的赞同。

一天，看守们忙起来了，并调出几个难友帮助打扫院落卫生。一个看守一早就来到牢房，让大家整理好衣被。凭经验，罗云鹏知道，一定又是什么特务头目要来了。果然，帮助打扫卫生的难友回来说，国民党特务、中统局西北督导区专员陈国英要来"视察"。罗云鹏决定利用这个机会进行一次斗争。

早饭后不久，牢门开了。一个看起来还算斯文的中等身材的男人走了进来，他的身后还有一个大家同样不认识的人。梁俭、牛世元等三四个人跟在屁股后面。大家一看就明白，第一个走进来的一定是那位陈专员了。

当陈国英走到罗云鹏面前时，突然看到樊桂英，便问道："男监内怎么还关着女犯人？"

梁俭急忙回答："她男人有病，她愿意在这里照顾。"

"专员先生！"罗云鹏开口了："请你看一看这里的情况吧！我对当局如此虐待我们，提出强烈的抗议！"

陈国英被这突如其来的质问愣住了,忙问两边随从:"他是什么人?"

"他叫罗云鹏,共产党的部长。"看守头子牛世元小声回答。

陈国英想:"他就是罗云鹏!此人早有耳闻,果然厉害。"为了在下级面前表现出上司的气度,他不便发作,便对罗云鹏说:"你有什么话可以讲一讲。"

"当前国共合作,进行抗日,我们共产党人努力抗战,何罪之有?为什么对我们如此残酷迫害?就眼前说,这里如此对待我们,甚至和当局的有关规定也不相符合。我们要求:一、延长放风时间,现在的放风时间太短了,只是象征性的;二、反对克扣口粮,要求增添油、盐和蔬菜;三、改善卫生条件,给予洗衣、理发、洗澡的方便;四、要求看书看报。"罗云鹏稍停了一下,想看看对方的反应。陈国英背着手好像在听,梁俭、牛世元却恶狠狠地盯着他。"这些最起码的要求,当局应该答应。"罗云鹏停了下来。

"现在国难当头,大家应当共赴国难。你们违反国家大法,应该很好地反省。"陈国英一边打着官腔,一边扭身要往外走。他担心,在这里待长了,这位共产党的部长,不一定还要作出什么使自己不好下台的事呢。"关于你们的要求,当局研究一下再说。"说着,一群人都出去了。

牢门关上了,随着脚步声远去,牢房内活跃起来了。这个说:"老罗有胆识。"那个说:"老罗算是给我们出了气。""老罗真有办法。"不说话的,也都以敬佩的眼光看着罗云鹏。罗云鹏微笑着说:"他们是虚弱的,我们应该团结起来和他们斗争。"

经过这次斗争,虽然条件仍然很差,但是,比以前总算得到一些改变。看守们那种明目张胆的贪污克扣有所收敛,放风的时间也长了些,后来看守所又发下来一些书,要大家"学习"后"反省"。难友们一看,全是诸如《三民主义》《总裁言论》等反动小册子,都十分反感。

"谁看这些东西!"

"高调我们听得不少了!"

"把它丢到垃圾堆里去!"

难友们你一言我一语地讥讽这些东西。

罗云鹏说:"看看也可以嘛!可以增强免疫力。我们还可以利用它。"

一句话提醒了大家。从此,难友们就按照各自的需要,对这些书加以利用。有的在书上空白处写字;有的撕下来包东西;有的干脆用它当手纸。特务们无可奈何,只好把那些残缺不齐的破书收了回去。

为了鼓舞大家的士气,罗云鹏和林亦青在狱中教难友唱进步歌曲。大家学会了《国际歌》《游击队员之歌》《义勇军进行曲》《满江红》等等。有个难友是流亡学生,南方人,一天他唱《国际歌》时,被看守偷听到,拉出去打了一顿,追问谁教的,他说老师教的,问老师在哪里,说在南京被日本鬼子杀了。看守大吼"今后谁再唱,拉出去毙了!"但是,任凭敌人如何嚣张,这正义的歌声时时回响在魔鬼的宫殿。

除了唱歌,大号里还掀起了学习文化知识的热潮。罗云鹏教林亦青学英语,半年时间他们可以用英语对话。几个老红军学习识字,王昌明,河南南阳人,瘦小个头,讷于言辞,他没有文化,俐丽和他一起学认字。有一天,罗云鹏用小木棒在地上写了"手"和"脚"两个字,并指着王昌明的手和脚让他们对照着记。当时王昌明穿着草鞋,突然,俐丽惊讶地问:

"哎呀!我们的脚都有五个趾头,你怎么只有三个趾头?"

王昌明沉吟了片刻,用神秘的口气说:"大灰狼咬掉的!"

"大灰狼会咬我的脚趾头吗?"俐丽顿时恐惧起来。

"不会的。咱们人多,一起打死它!"后来得知,他的脚趾是长征时冻坏烂掉的。

王昌明和几个老红军学习都很起劲,经常互相提问,没有笔墨纸张,便用筷子或小木棍当笔,大地当纸,写字算题。不到一年的光景,学会了写简单的文章,俐丽也学会了400多个汉字,背会了26个英文字母和几十个单词。还能算简单的加减法。

为了调节狱中单调枯燥的生活,罗云鹏教难友们练"八段锦"体操;沿用在沈家坡看守所的办法,动员大家用黄泥捏成象棋、围棋,互相对弈。同时也给俐丽捏些小狗、小猫、小兔子等泥塑小玩意儿。使得这个环境极端恶劣、物质极端贫乏、死气沉沉的牢房,变得多少有些生气。

在监狱中,寻找火种对于抽烟的难友来说,是一个非常伤脑筋的事。一入狱,火柴被搜得精光。看守们可以放过一包纸烟或一小袋烟丝,却绝不放过一根火柴。要想抽烟常靠在伙房帮厨的难友"偷"一两根火柴来。因此,平时只能叼着空烟斗,拿着烟卷在鼻子上闻一闻,以解烟瘾。伤寒病曾使烟瘾大的罗云鹏中断了抽烟,现在又"复辟"了。有一次当几位难友在一起议论火柴时,罗云鹏笑着说:

"燧人氏钻木取火,我们也来试试。"

"那不过是传说而已。"一位难友说。

只见罗云鹏从棉衣里撕下一点棉花,又顺手从扫把上折下一段一寸左右的细棍卷在棉花中,形成一只比小手指略细一点的圆棒。他又笑眯眯地对一位穿着硬底皮鞋的难友说:"现在你的皮鞋可有大用场了。"罗云鹏用两只皮鞋底夹住那个棉花棒,使劲一搓,然后迅速拿起棉棒在空中甩着。片刻,那棉花制成的棒竟冒起烟来了。

大家惊喜得简直要叫起来了。

"老罗,没想到你这个共产党的大官还有这一手！"

"你从哪学来的,这简直是燧人氏再现。"

"这下可解决了大问题。"

大家七嘴八舌地低声说着。

罗云鹏抽着烟说:"这是以前在监狱里向别的难友学来的,多年不用了。我们把这叫'放牛'。"

从此,难友们经常背着看守"放牛",不再为无火抽烟发愁了。

通过几个月的接触和对陈国英的斗争,大家都很敬佩罗云鹏,觉得共产党人真是了不起。这个人平时讲话不多,心中却时刻想着大家,对难友和蔼可亲,处处帮助难友,罗云鹏的威信不断提高。难友们有什么事情,有什么想法,都愿意和他商量交谈。罗云鹏也总是热情诚恳地帮助大家,并借此机会向难友们进行教育,宣传共产党的方针政策。

有一次,罗克俭在和罗云鹏谈心时说:"我们几个人是以共产党的罪名抓来的。我本是国民党员,所以总觉得很冤枉。实际上,在和你们认识以前,我们根本不了解共产党是什么样子。现在从你身上,我才领略到共产党的真正含义。有时我甚至想,如果我们真是共产党倒也不错。"

罗云鹏笑着说:"我做得还很不够。共产党总的有一条,她是为了广大劳动人民的自由解放而奋斗的。因此,共产党员可以把自身利益置之度外。国民党员中也有一些忠实奉行孙中山先生革命三民主义的。但是,那些当权者,已经背叛了孙中山先生的宗旨,对内实行封建法西斯统治,对外投降帝国主义,我们是坚决反对的。"

"是的,通过严峻的现实,我算把国民党看透了。"罗克俭忿忿地说:

"前天,说让我和高潘公找保释放,还说可以恢复我的国民党党籍,我没有答应。"

"你们为什么不愿出去?"罗云鹏问道。

"我们何尝不愿早日离开这个鬼地方,只是不愿带有任何条件地释放。第一,我们根本是无罪的。第二,我们也无保可找。至于恢复国民党党籍,我告诉他们,我再不参加任何党派。"

罗云鹏看罗克俭的态度十分诚恳,便说:"像你们这样有机会派出去干活的人,还需要他们释放?你们可以自己释放自己。"

罗克俭若有所思地点了点头。

牢房中的变化,引起了特务们的注意。他们明明知道是罗云鹏活动的结果,但又拿不出具体事实。为了摸清难友们活动的情况,特别是罗云鹏的活动情况,敌人采取了措施。

一天,牢房内来了一个姓赵的"犯人",自称是因为共产党嫌疑被捕来的。但是,大家不久便发现,此人行动诡秘。他在难友中挑拨离间,打听罗云鹏的情况,散布说:"那个小孩的父亲是共产党的罗部长,不要和他来往,小心受牵连。"引起了难友们的怀疑,大家对他冷眼相待。不久又发现,自从姓赵的来了以后,牢房内经常不得安宁。每当他被带去审讯以后,看守们便以各种借口,找难友的岔子,总有人不是挨骂就是挨打。这些现象引起了罗云鹏的思考:"这个姓赵的到底是干什么的?莫非是敌人派来监视难友行动的奸细?要提高警惕。如果他是奸细,那就有必要及早揭露他的阴谋。"

没有几天,事情就完全明白了。难友杨永贤,一度曾被调出去给难友做饭,这对大家是件好事。杨永贤从厨房回来,有时还悄悄地给两岁多的小俐丽带点吃的东西。一次不慎被姓赵的看见，杨永贤被看守叫去骂了一顿，并不再让他去厨房做饭了。毫无疑问，这个姓赵的是敌人安插在难友中的奸细。大家对这个奸细非常痛恨，经常指桑骂槐地骂他。

"他妈的！老天爷咋不睁开眼看看，让这个混蛋钻到这里，"杨永贤一边捉臭虫一边用眼瞟着姓赵的骂道："一天吃人饭不拉人屎，到处咬人，欺负到老子头上来了。"

"你骂谁？"姓赵的听出了杨永贤是在骂他。

"骂你又怎么样？"杨永贤这个血气方刚的小伙子，早就想教训一下这个奸细。见姓赵的开了口，毫不示弱地回答。

姓赵的站起来说："你骂我不行！"

杨永贤也站了起来："你还打人不成？"

两人越吵越凶，竟然打起来了。难友们装着劝架，一起上来，抓住奸细的胳膊，让杨永贤狠狠地打了一顿。杨永贤又顺手提起一个尿罐，劈头盖脸地朝姓赵的砸去，打得那个奸细头破血流，大半罐尿水从头上一直浇到脚下。

姓赵的那副狼狈相，惹得难友们偷偷地发笑。

"打人了！打人了！"那奸细像被杀的猪似地叫了起来。看守们闻讯赶来。姓赵的因为失去了奸细的作用，离开了这间牢房。杨永贤也被看守们一顿毒打。

事情并没有结束，特务们把这次事件说成是煽动闹事企图组织暴动，把矛头集中到罗云鹏身上。看守头子"牛扁担"率领一伙人，用扁担把罗云鹏的下肢打得皮开肉绽，并且从此把他和樊桂英囚进小号的单间小囚室中，企图切断他们和大家的联系。

然而，罗云鹏走到哪里，就在哪里发挥一个共产党员的光和热。

看守所的小号，一般是关押重要犯人和女犯的。以前只能在放风时远远地看看它的外形，里面的情况无法知道。罗云鹏、樊桂英到来后，对小号中的情况才逐渐有了了解。

所谓小号①，是一座大房子隔成的十二间小房子。十二间牢房分成两排，一、三、五、七、九、十一单号在一边，二、四、六、八、十、十二双号在另一边，中间是宽一米左右的走道。每个小牢房的门是几根粗木柱子做成的，上面有一个小窗户，透过木柱之间的空隙，可以看到对面牢房的活动。小号名副其实的小，除了一个四尺长、一尺多宽的小土炕外，其余的面积，如果冬天穿件大衣，转身都会碰到墙壁，真是一席之地。那个小炕像罗云鹏这样一米八九个子的人，连腿都无法伸直。王洛宾苦中取乐，写了一首《我爱我的牢房》：

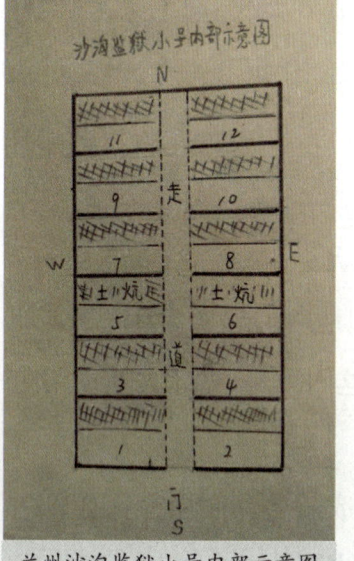

兰州沙沟监狱小号内部示意图

我爱我的牢房，

像是一座小摇床，

头依靠西窗，

脚抵住东墙。

我爱我的牢房，

鸿雁常来常往，

年年把我的思念，

带到我生长的地方。

①因原兰州沙沟监狱旧址内部建筑已经拆除，本书中关于兰州沙沟监狱和小号牢房内部示意图是作者根据樊桂英等难友的回忆和有关资料记载绘制的，仅供参考。

我爱我的牢房，

它从未阻止我的想象，

我的心常去那万里云空，

作着无拦阻的奔放。

这里的难友，除了放风时间可以相互见面，其余时间不能往来。不过时间久了，大家也琢磨出一套互通信息的办法。两排牢房之间，隔着一公尺左右的走道，对面两个牢房低声说话是可以听见的。当看守不在时，两人可以进行交谈。另外，一号和三号的难友虽

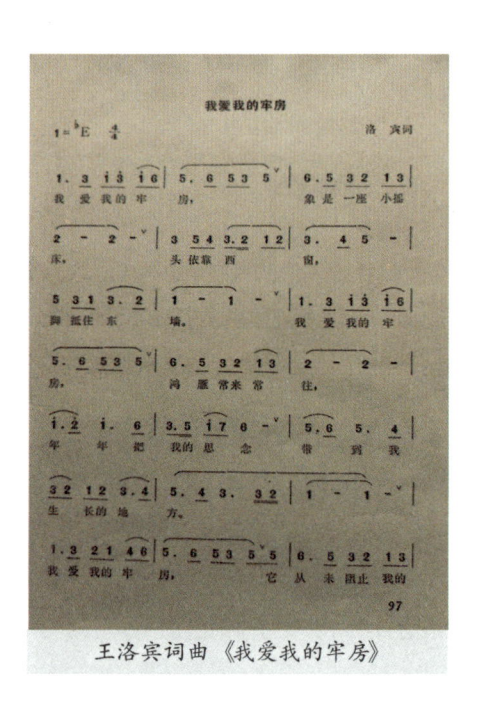

王洛宾词曲《我爱我的牢房》

然看不见，但是，对面二号，却既可以看到一号，又可以看到三号。三号的难友有什么事要告诉一号时，就用手在墙上写字，或用左手在空间写字，把意思告诉二号，二号的难友再用同样的办法，把意思传达给一号的难友，这样一号和三号的难友就沟通了思想。通过这些方法，罗云鹏、樊桂英很快对小号中的难友都有所了解。

罗云鹏首先认识的是对面三号牢房中的胡润宝。

"二号！为什么事到这里来的？"胡润宝趁看守不在时，操着他那带有浓厚福建腔的普通话问道。

"我叫罗云鹏，是从大号转到这来的。我是共产党员，你是谁？"罗云鹏介绍了情况后问道。

"我叫胡润宝。"胡润宝因为不惯于讲普通话，说起话来，总是一个字一个字慢慢地说。

"我早从罗克俭、高潘公处听到了你的大名,今日才得见面。"

"他俩好吗?"

"听说要释放他们,他们不走。"罗云鹏把所知道的情况向胡润宝简单地作了介绍。

从交谈中,罗云鹏对胡润宝有了进一步了解。他原名翁克俊,福建闽侯人。因母亲姓胡,化名胡润宝。父亲是华侨。他多才

胡润宝（翁克俊）

多艺,写得一手潇洒流畅的好字,说得一口流利的英语。可是,他大学毕业,有知识却找不到合适的工作。抗日战争全面爆发后,他从沦陷区跑到重庆,因父亲从事邮政工作,后来便和王德纯等人被国民党当局派到兰州,在西北公路局当一名司机,进行苏联援华物资的转运工作。他看到民族的危急,家乡的沦陷,流亡生活的艰辛,对国民党顽固派所执行的对外投降妥协、对内积极反共的政策很不满意,经常和罗克俭、高潘公、王德纯等人在一起发牢骚,被特务发觉而被捕,枉加罪名,屈打成招,长期关押。他正直、热情,具有正义感。罗云鹏很快便和他成了好朋友。

樊桂英的隔壁是王芳玉,和樊桂英年龄相仿,河南省唐河县人,出身于一个封建大地主家庭。她个头不高,眉清目秀,说话总是那么

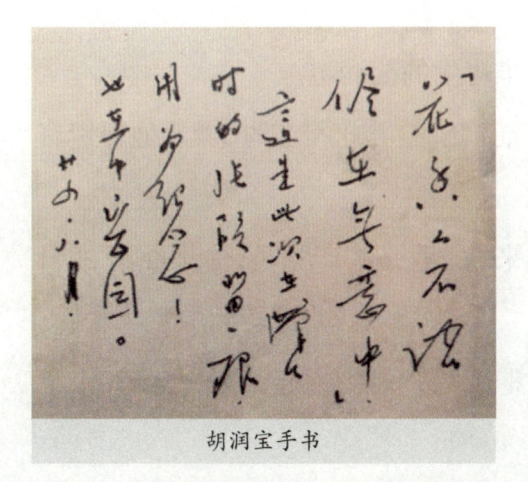

胡润宝手书

细声细语,给人一种柔弱的感觉。在小号牢房的三位女性中,她是学历最高的一位。她毕业于北平铁道管理学院(交通大学分校之一)。读初中时, 她就因品学兼优被推选为学生会主席,又因为发动学生驱赶体罚学生的校长而被学校开除。上高中时,她一直是班上的高材生,毕业后先后考取北大和交大两所名牌大学。当时她父亲考虑到将来就业问题,便让她选择了北平铁道管理学院。不久,"七七事变"爆发,学

王芳玉

校先后由北平迁至湖南湘乡、广西桂林,最后迁至贵州平越。这期间,她一边读书,一边在学校附近的农村开展抗日救亡活动,并加入了中国共产党。大学毕业后,她的不少同学都在条件较好的西南昆明一带谋到了好职业。她父亲也极力筹划,他相信,凭女儿的才学不愁找一份满意的工作。然而,刚柔相济的她却另有打算,她毅然回绝了父母的百般挽留,出乎周围人的意料, 选择了在当时来说交通、经济均不发达的大西北重镇——兰州市,以兰州公路局职员的身份做掩护,搞党的工作。甘肃工委派樊桂英同她直接联系。樊桂英被捕后是另一位工委委员同她联系。不久王芳玉也被捕了,但共产党员身份尚未暴露,特务们只是以共产党嫌疑逮捕了她。1942 年她刚来时,听难友说大号里囚着一对夫妇,还带着一个小女孩。男的是共产党员,很坚强。按照难友们介绍的情况,她猜想,会不会是在外面和自己联系的张英他们呢?她多么想见见他们,但是,始终没有机会。

放风时,趁看守不注意,王芳玉凑到樊桂英身边,装着引逗俐丽玩的

样子低声说道:"和你们在一起,更增加了我的斗争信心。"

"老罗说,我们三人组成党小组,有事及时商量。咱俩身份都没有暴露,要注意隐蔽自己。"樊桂英小声传达了罗云鹏的意见。由于林亦青在大号中,无法联系,一个新的党小组又成立了。

关押在小号中的人除丛德滋、王德纯外,还有一个十里店西北师院的进步学生齐毅民①等共十二人。小号的难友,一般被看守看成是"要犯"。因此看管得格外严些,连放风时也不准随便说话。但是,对樊桂英、王德纯、王芳玉等女难友,却有所不同。有时让她们去厨房做饭,有时把一些缝缝补补的针线活,织补毛衣等活,拿来让她们做,甚至一个姓郑的看守所长的老婆要生孩子,还把樊桂英找去接生。贪得无厌的特务们,觉得在这些人身上有利可图,便进一步盘算着,准备用这些无偿劳动力为他们赚钱。

有一天,看守所长把樊桂英找去说:"看守所有一批羊毛,你们几个女的加工一下,打成毛衣。"

樊桂英想:"看守所又不养羊,哪来的羊毛? 还不是从农民手中掠夺来的,这事得问问老罗。"便说:"我得回去跟她们几个说说。"

回到牢房,樊桂英设法把此事告诉了罗云鹏。问道:"答应不答应?"

罗云鹏想:给敌人无偿劳动,虽然使敌人得到不少好处,但是,这也是我们和敌人斗争的好机会。一方面可以借此机会,向敌人提出一些改善生活条件的要求,不答应就不干。更重要的是可以扩大活动范围,加强和其他牢房难友的联系,对难友们也有好处,可以答应他们。

---

①齐毅民,《西北师范大学校史》称齐益民,《悲歌》是王洛宾为齐毅民词谱曲。

　　他利用放风时间悄悄地和樊桂英、王芳玉交换了意见，并对樊桂英说："可以向敌人提出一些条件，如改善待遇，扩大参加劳动的范围等。"

　　在看守所长的办公室里，樊桂英根据研究的意见，对看守所长说："我们可以干这些活，只是现在这种情况没法干。"

　　"为什么？"

　　"第一，牢房内就那么大一点地方，平时连转身都困难，哪能干活，有些活得在院子里干。第二，光靠我们几个女的咋行！洗毛、晒毛、捻线都得有人，有些男的也可以参加。第三，在伙食上也得改善。增加粮食和油，增添蔬菜，吃不饱咋干活。再就是给大家买些肥皂、毛巾等卫生用品。"

　　樊桂英刚说完，看守所长立刻说："还没干活，先提出这么多条件！"

　　"这些都是干活所需要的最起码的条件，不然你说咋干？"

　　"明天你们就开始。需要在外面干的活，可以在外面干。再抽上一些男的，你们教他们。他们干粗活，你们干细活。生活方面的要求，也可以考虑。"为了赚钱，看守所长答应了条件。

　　按照罗云鹏的想法，比起生活条件的改善来说，前面两条则是更为重要的，只要能实现前两条，就是很大的胜利。

　　第二天一早，从各个牢房里调出的男女难友都集中在院子里。小号里除罗云鹏、胡润宝外都来了。原来那个大号也出来很多人。以前几个牢房老死不得往来，好多人一起在这里关了几年，今天才第一次见面。樊桂英首先在人群中寻找林亦青，但没看到。怎么罗克俭、高潘公，甚至那个一只眼睛的老红军李天福也不见？心中好生奇怪。她悄悄地问白玫瑰理发店的掌柜的："他们几个人怎么没来！"

　　掌柜的看看周围没有别人，说道："罗克俭、高潘公、李天福他们在外出劳动时,脚底板擦油——溜了。"

"林亦青呢?"樊桂英急忙问。难道他也逃跑了吗?林亦青已经搞过两次越狱了。在一分局就跑过一次,跑到东岗镇被发现,所以,樊桂英以为他又越狱了。然而,得到的回答,却使她十分震惊:"他在前不久,害了一场病,不得医治,死去了。"

林亦青的不幸牺牲,罗云鹏、樊桂英都非常难过、无比怀念。这个陕西甘泉的小伙子,本名惠光前,化名李健吾、李新民、王甘前。个子不高,长着一副生动的脸庞,突出的前额下,有一双不大的眼睛,朝气蓬勃。在共产党员老师的教育和资助下进入西安陕西二中读书,成为学生领袖。1935 年,加入中国共产党,1936 年后在延安抗大和党校学习,1938 年来到甘肃以后,工作很有成绩。他作为派往徽县的特派员,独当一面,以小学教师作掩护,在那里播下了革命种子。他很少考虑自己的事情,一心为了工作。有一次,罗云鹏半开玩笑地对他说:

"小李子,怎么样,徽县有没有合适的女党员,找一个嘛!"

他笑了笑说:"现在还来不及想这事呢!以后再说。"

被捕后,他一直很坚强,和敌人开展斗争,与罗云鹏夫妇同甘苦,共患难。由于他没暴露身份,狱中党小组的许多活动都由他来出面。他对胜利充满信心,抓紧时间学习,给人留下了深刻的印象。现在,这个优秀的共产党员竟离开了大家。罗云鹏夫妇的心情久久不能平静,深深地悼念这位亲密的战友。

对林亦青的怀念,更加激起罗云鹏、樊桂英对反动派的仇恨。而罗克俭、高潘公、李天福等人的越狱,又使罗云鹏夫妇感到振奋,为他们逃出虎口,获得自由而高兴,也给他们进行狱中斗争增添了信心。

开始干活了。男难友洗的洗、晒的晒，女难友捻线、编织。由于干活的需要，使大家有了更多的接触机会，活动范围扩大了。一些必须在院内做的活自然在外面干，甚至捻线、织毛衣等活，有时也可以在外面干一会。过去除了用下棋来消磨时间外，再无其他事可干，现在倒可以利用干这些活消磨时间。于是许多男难友也都开始学习捻线、编织。不久，绝大多数人都学会了。生活上也有些改进，饭量比以前足了，还能见到一点青菜。过一段时间，还发一小块肥皂，供大家洗衣洗手。

罗云鹏和胡润宝两人没有到外面干活，但是，由于樊桂英、王芳玉等人了解到许多情况，因而罗云鹏对狱中的动向十分了解。这就使党小组所作的决定，比较切合狱中的实际。

毛衣打好后，由看守派人拉到城里卖掉，获利不少。一天，难友们正在院里干活，平时一直锁着的看守所大门突然打开了。王昌明赶着毛驴车走了进来。车上装着看守们买的许多东西。

张子荣悄悄地说："看守们这回可把钱赚好了。"

大家问道："能赚多少？"

"这个好算。"张子荣说。这个经商的内行，开始拨起他的"算盘"了。"一斤羊毛按中等的说，市价国币 50 元，批发价 46 元。他们买农民的，起码压价三成。这样一斤毛只花 32 元。一斤毛按一两损耗，可以捻九两线，打一件大人的毛衣需一斤六两线。"张子荣熟练地念着口诀。"这样一件毛衣只花 50 多元钱的成本。拿到市上卖，一件毛衣多了不算，按 250 元算，就可赚 200 元钱左右。我们每个人，一月按生产 2 件计算，共生产 70 件左右，可赚钱 14000 元。"他好像早就计算好了似地，一口气说了出来。

"嗬！真不愧是掌柜的，算得真不错。"大家称赞道。"可是，有一笔账你可没有算到。"一个难友开玩笑地说。

张子荣不服气地问："哪一笔漏掉了？"

那个难友见看守不在，便压低嗓子说："一斤羊毛的损耗何止一两！你那棉衣、被子里的羊毛是哪里来的？"

一句话说得大家忍不住偷偷地笑了起来。这笑包含着斗争胜利的欢乐，包含着对敌人无能的讥讽。

原来，自从干活以来，大家在一起的机会多了，有时一边干活一边小声议论。初冬的一天，大家正在干活，一阵风吹来，寒气逼人。有人说道："我们给别人打毛衣取暖，我们却冷得不得了。"此话一出，大家又议论开了。

"我们自己也打一件穿穿。"

"哪里有羊毛？"

"你手里拿的是什么？"

"让那些特务看见了还得了！"

听到这里，樊桂英看了看大家说："这些不义之财，我们为什么不拿他一点？只要大伙心齐，就有办法。"

实际上，这是党小组研究的意见。

冬天来了，难友们衣被很薄，很难过冬。现在大家整天和羊毛打交道，完全可以利用这个机会，为难友们解决些问题。罗云鹏说："这些从农民手中掠夺来的不义之财，我们可以拿一些。但在斗争策略上要注意，发动大家都拿。这样，即使敌人发现了，也没有办法。"其实，难友们心中也早有打算。现在，樊桂英说出了党小组的意见，大家心领神会。时间一长，今天拿一点絮在被子里，明天拿一点贴在棉衣里，后天再带一点捻点线打双毛袜子……逐渐,大家都武装起来了。并且拿的都是细毛、好毛。有的还用细毛捻成细线,缝缝补补倒也方便。樊桂英还给俐丽打了毛裤、手套、毛袜等御寒物品。看守们虽然明知难友们"偷"羊毛,但是,一方面怕把大家逼急了不给他们好好干;另一方面也因为这些人整天和羊毛打交道,防不胜防,并且几乎所有的人都拿了,无法处置,只得睁一只眼、闭一只眼。每当想起此事,大家对这位共产党工委副书记罗云鹏无不深深地敬佩。

十二　冬天里的春天

有一段时间,难友们总感到生活中缺少了些什么似的,那个在这个高墙深院中,给人带来安慰,使人看到希望,被丛德滋称之为"监狱里的一线光明""冬天里的春天"的小俐丽,怎么很少看见了呢?

俐丽病倒了。原来就很瘦小的脸庞,显得更小了。十几天来,她一个劲地拉肚子,开始是黄绿色的清水,不久便转成了痢疾。疾病折磨得她一点力气也没有了,整天躺在爸爸妈妈的怀里。樊桂英一手搂着孩子,一手抚摸着孩子的头,仔细端详着。俐丽的小脸上没有一丝红晕,眼眶深陷,那双生动的眼睛,也失去了原有的光彩。孩子病成这个样子,却无法治疗,做父母的怎么能不难过? 她一阵心酸,眼泪几乎流了出来,她连忙用手抹去。"唉,孩子受苦了!"

这个来到人世间只有五年多的孩子, 不但没有一般孩子们的幸福,反而受着许多成年人所不曾遭受过的苦难。在她还未满月的时候,就随着母亲东奔西跑,逃避日本帝国主义的飞机轰炸,经常一连几天,蹲在潮湿的山洞不能回家。饮食不正常,母亲的奶水少了,饿得她哇哇直哭。刚刚八个月,就随父母亲生活在监狱之中了,过着犯人的生活。

过生日,对小孩子说来,都是十分高兴的事。有钱人家的孩子欢度生日,父母亲总要送给孩子一些礼物,甚至设宴请客。穷人家的孩子过不起生日,呼吸些自由的空气,沐浴那大自然赐予人类的阳光总是可以的。然而,俪丽却连一点起码的权利都没有,她是在那空气污浊,阴森恐怖的环境中,度过了六个生日。因而,在俪丽的童年时代,没有什么关于"过生日"的美好记忆。那还是俪丽一周岁在沈家坡的时候,在罗云鹏一再要求下特务允许他到女牢与樊桂英母女见一面。他把俪丽搂在怀里,亲吻着她的脸蛋儿,然后拍拍衣袋说:"你看,这里面有好东西!"俪丽睁着一双大眼睛望着爸爸,摸摸他身上那鼓鼓囊囊的衣袋,一时怔住了。

罗云鹏从怀中取出一件件奇怪的东西,有圆圆的球,还有两个小人,其中一个只有头,头上戴着尖帽子,看到这些,俪丽十分兴奋,如获至宝,嘴里叽里咕噜地和小人讲话。原来这些用泥捏成的小圆球、小泥人、不倒翁是男牢里的叔叔、伯伯为俪丽做的周岁生日的礼物。

她刚刚有些记忆的时候起,所面临的环境,就是围着铁丝网的高高的围墙,整日紧闭的厚厚的大门。这高墙的后面,大门的外面是什么样子呢?那广阔的原野,起伏的山峦,绿油油的庄稼;那繁华的城市,熙熙攘攘的街道,五光十色的市场;那奔腾的黄河,蜿蜒的山间公路;那朗朗读书的学校,幽静美丽的公园,热闹的影剧院等等,她全然不知。她所看到的,就是这高墙之内的一切,一间间笼子式的房屋,衣着破烂的父母和叔叔、姨姨们被锁在里面。她所听到的是呵斥声、打骂声、惨叫声、镣铐碰撞声。

平时,她可以在院子里玩,有时特务们刑讯叔叔、姨姨们时,她站在门外难过地看着。受刑的叔叔、姨姨回到牢房以后,她会送去开水安慰他们。难友雷元贞在一号,和罗云鹏正对门,受了很重的刑。罗云鹏对他多方安慰。在父亲的指示下,俪丽就会站在牢门口,稚气地唱着罗云鹏自己谱写的歌曲:"欢迎!欢迎!我们欢迎高贵的来宾!我们没有优越招待的环境,只有用这快乐的歌声来致敬!"

监狱的恶劣环境、非人的生活条件和残酷的刑讯,使许多难友身体严重损伤,不断有人死亡,难友们都无比悲痛。但是,监狱当局连最后告别的机会都不给。逢此,只有可以在外面活动的小俐丽代替大家去送死难者最后一程。俐丽戴着妈妈缝制的黑纱,深深地鞠躬,默默地跟在后面,怀着一颗虔诚的心,做最后的告别。丛德滋被捕后,受到酷刑的摧残和折磨,身体受到极大伤害,有病得不到治疗,在他高烧时,看守们甚至让他喝洗菜的脏水。1942 年 4 月 19 日,年仅 32 岁、才华横溢的丛德滋永远离开了大家。此时,兰州八办已停止工作,工委已被破坏,同志们和家属还是冒着危险,将他的遗体要出。俐丽非常难过地送别了这位称她是"冬天里的春天"的伯伯。

对于那些张牙舞爪、恶狠狠地对待亲爱的父亲、母亲、叔叔、姨姨们的人,俐丽很不理解。当她稍稍大一些,开始思考问题时,有一次,罗云鹏受了刑。她坐在父亲的跟前,不解地问:

"爸爸,他们为什么打我们,欺侮我们?"

对于这样幼小的孩子,太多的大道理是无法理解的。罗云鹏想了想回答说:"我们是好人,他们是坏人,坏人总想欺侮好人。"

从此后,"好""坏"就成为她区别世界上如此复杂事物的唯一标准了。由于她整天和大人们在一起,因而过早地学会了大人们说话的口气。一次放风结束了,看守来锁牢门,看见俐丽在牢房内就喊:

"俐丽!你出来,不然我把你也锁在里面。"

她气鼓鼓地说:"我们是好人,你们为什么要锁我们?"

那看守说:"你这娃娃再别胡说!"

俐丽学着大人的口吻说："哼！你态度还不老实！"说得大家都笑了。

俐丽没有小朋友，甚至连小孩子也极少见。只有一次，一个看守的孩子到看守所来，十分寂寞，就与俐丽玩起来了。两个人并没有什么共同语言，只是俐丽对那孩子的鞋很感兴趣，那孩子穿着一双皮鞋，走起路来咯吱、咯吱的响，"他的鞋为什么会响呢？"那孩子看俐丽对鞋很感兴趣，一时高兴，脱下鞋说："你试试。"俐丽高兴极了，穿着比脚大一些的鞋子在院子里走来走去。但不到一会，两人就闹崩了。俐丽说："他欺负我，他坏！"

俐丽没有什么文化生活。电影、戏剧、图画书籍以及和小朋友们在一起游戏，她都不曾有过。难友们教她一首歌曲、一段京剧，识几个字，讲一个故事，就是她全部的文化生活。因为营养不足，她长得很瘦小，脖子很细，头显得很大。叔叔姨姨们都叫她"大头"。但她却十分机敏、聪慧，大家都很喜欢她。她瘦小的身体刚刚能从小牢房门上的窗口钻进钻出。从这个号子出来，又钻进另一个号子。一方面为罗云鹏、樊桂英充当"通讯员"，为难友间沟通思想做了很多工作，完成了大人们所无法完成的任务；另一方面，她找叔叔姨姨们教唱歌曲，讲故事。

樊桂英住六号，俐丽最喜欢到对面五号王洛宾那里去。坐在那小小的土炕上，王洛宾教她唱歌，唱京剧《女起解》等唱段。有时利用在外面干活的机会，扭一下秧歌舞。她学得很快，有时唱"女起解"，唱着唱着，她把手向看守住的地方一指，说："洪洞县里没有好人呐！"她那稚气的嗓音和动作，显得更可爱了。

有一次，王洛宾在巴掌大的牢房中，扭动着腰肢教俐丽跳新疆舞，他把俐丽的长头发编成许多小辫子，站在小土炕上转圈儿，扭脖子。俐丽的衣服太破了,王洛宾心疼地说:"小俐丽,赶明儿大胡子叔叔一定给你买新衣服,再给你买朵大红花戴在头上,那跳舞才好看呢!"

俐丽睁大眼睛,莫名其妙地问:"什么是大红花?"

这下可把王洛宾难住了,他左比划,右比划,竭力描述着大红花的样子,可是俐丽还是搞不明白。在他的培养下,俐丽成了难友们最欢迎的"小演员"。只要谁提出要求,无论是小嗓《玉堂春》,还是大嗓《窦尔敦》,她就大大方方,有板有眼地唱起来,给寂寞的牢房增添了生气。那稚嫩的歌声,驱散了难友们心头的愁云。

放风的时候,王洛宾有时利用一小块空地,头顶花手帕,跳踢踏舞,唱新疆歌,"半个月亮爬上来,咿啦啦爬上来,照着我的姑娘梳妆台,咿啦啦梳妆台……"他一会儿耸耸肩,一会儿扭扭脖子,那优美的旋律,潇洒的舞姿,给这些披枷带锁的难友们带来了美的享受。在大家的眼中,他绝不是愁眉紧锁的"犯人",完全是一位活泼愉快的演员。

一次,俐丽钻进王洛宾的牢房内,坐在小炕边上说:

"叔叔,给我讲个故事吧!"

然而,给她讲故事可不是一件轻松的事。

"讲什么故事呢?"

"什么都可以。"

"讲一个就讲一个,"王洛宾略加思索后说:"从前,有一个叫唐僧的人,有三个徒弟。"

"什么是徒弟?"俐丽问。

"徒弟嘛!就是学生。一个叫孙悟空,是个孙猴子。"

"什么是孙猴子?"俐丽又问。

"孙猴子住在山上,会爬树,样子么!就像前面那个姓刘的看守,不过个子没有那么高。"姓刘的看守长得尖嘴猴腮,王洛宾就拿他作比喻。"还有一个叫猪八戒,是个老胖猪。"

"老胖猪是什么?"俐丽没有吃过猪肉,也没见过猪。

"老胖猪是大耳朵,好吃懒做。"

"是不是像前边那个大耳朵看守一样?"俐丽学着王洛宾,在看守中寻找和猪一样的形象。

"比他的耳朵还大呢!还有一个沙和尚。"

"什么是和尚?"

"和尚住在庙里。"

"庙是什么?"

"……"

在俐丽的意识中,只有高墙内存在的东西,其他的什么也不知道。所以问题提个没完,有时根本无法继续讲下去。

"俐丽,我们不讲这个了,给你重新讲一个吧!"当故事讲不下去的时候,只好再换一个话题。"从前,在一条河上,有一座美丽的大桥。"王洛宾接着说。

"什么是河?什么是大桥?"

"唉!等你长大了就知道了!好了,俐丽,我教你唱支童谣吧!"故事经常就这样中断了。

一天,俐丽一只手插在口袋里,歪着脑袋,以审问的口气问:

"W,你说,世界上什么东西最好吃?"看守们不准俐丽把难友们称呼"叔叔""姨姨"。可总得有个称呼吧!于是,一些新称呼,什么大胡子呀、老皮鞋、歌唱家、四川人等出现了。

"是不是馒头？"

俐丽神气十足地说："不——对。"

王洛宾又说出几样东西，都被否定了。此时，俐丽从口袋里掏出一粒大豆（蚕豆），十分认真地说："你看，这才是世界上最好吃的东西！"

站在旁边的母亲忙转过身去擦眼泪。

听着俐丽稚嫩的童音，看着那干瘦的小手和那十分天真的表情，王洛宾一阵心酸。这是一个幼弱的生命对魔鬼摧残的有力控诉啊！他的心再也无法平静了，满腔的悲愤，化作带泪的旋律，他反复吟唱着，回到囚室后用卷起的空牙膏皮，在小小的纸烟盒上，为俐丽——他的小囚友，谱写了一首歌曲《大豆谣》①：

王洛宾为罗俐丽（力立）写的歌曲《大豆谣》

　　蚕豆秆，低又低，

　　结出的大豆铁身体。

　　牢中的俐俐夸大豆，

　　世界上吃的数第一，

　　世界上吃的数第一。

　　小俐俐，笑眯眯，

　　妈妈转身泪如雨。

①《大豆谣》歌词第三段最后两句，当时不能唱出来，只能记在心中，作者在后来发表时做了些许修改，意境更高。罗力立乳名"俐丽"，《大豆谣》中的"俐俐"是王洛宾对"俐丽"的昵称。

街头上叫卖糖板栗，

牢房里大豆也稀奇，

牢房里大豆也稀奇。

小俐俐，有志气，

妈妈的哭声莫忘记，

砸碎爸爸的铁镣铐，

打开牢门冲出去，

冲出去。

一颗小小的大豆所引发的这首歌，饱含着王洛宾对俐丽的深切同情和殷切期望。第三段歌词当时是不便公开唱的，只能深深地埋在心中。

有一次，王昌明赶着毛驴车，和一个看守到城里拉东西。俐丽很想去玩，看守一时高兴，让她坐在车上带去了。一出平时紧闭的大门，俐丽的两只眼睛被那千奇百怪的世界弄得眼花缭乱。特别是到了街上，更使她两眼应接不暇，什么都是新鲜的。在她的意识中，没有什么私有观念。看守所里，父亲、母亲、叔叔、姨姨，本来就没有什么财产，仅有的一些物品，谁需要谁就拿来用。吃饭也是定量配给的。那次上街，他们走到一个卖小吃的摊子前，她看见摊子上摆着不少好吃的东西，很多人都在那里吃，便伸手去拿，被卖东西的人喊住了。王昌明赶快把她拉开，对她说：

"那是人家卖的东西，不能拿。"

俐丽奇怪地问道："东西放在那里是给谁的？"

"要用钱买！"

"钱是什么东西？"俐丽不解地问。她从来没有花过钱，也没有见过钱。人世间那种复杂的金钱关系她怎么能懂呢？

那次进城使俐丽学到不少东西，她向往外面的世界。然而，像这样的机会实在是难得。因此，一有机会她就让大人给她讲高墙外的故事。

9号住的是郭仪，曾是位教师，很喜欢俐丽。一次，他对俐丽说："我给你当老师，你给我当学生好不好？"

"好！"

"以后你叫他郭老师好了，他会讲故事，还教你认字。"罗云鹏隔着木栏说。

"郭老师！郭老师！"俐丽高兴地拍着手跳着。

"给我讲一讲墙外的事情吧！"俐丽对大墙外面的世界是非常感兴趣的。每当大人们讲外面的情况时，她总是兴致勃勃地听着，不断地提着问题。她对大墙外面的世界多么向往啊！

郭仪海阔天空地讲：外面是一个永远走不完的天地，田野里长着各种各样的庄稼，开满了各种美丽的鲜花，在那里，还有各种各样的动物，各种鸟儿唱着美丽的歌曲。他还说外面有许多热闹的城市，那里走着许多人，那里有商店、学校、剧院，那里走着马车、自行车、汽车……

1951年的郭仪

几年来，俐丽和难友们吃着一样的饭食。她既没有城市有钱儿童享受的糖果、糕点、大米、白面、瓜果、蔬菜以及各种丰富的营养品；也没有农村穷苦儿童们所能得到的浆果、草莓……她所得到的经常是上顿洋芋糊糊、下顿杂粮面汤,无油少盐。就是这些,在看守们看来她也是多余的。那次罗云鹏挺身而出,为改善狱中条件和陈国英斗争以后,看守恶狠狠地说:"你还抗议,你的孩子不是犯人,吃了犯人的口粮,比别人多吃一份,我们还要取消!"难友们听了气忿地说:"取消没有关系,我们一人节省一口也能把她养活。"难友们称她是狱中的一线希望,有什么吃的,总要留给她一点。在厨房做饭的难友,也常偷偷带回一点锅巴、馍馍给她,这就算是改善伙食了。

她从不知糖果的香甜。一天,一个难友慌慌张张地跑来,对正在院子里干活的樊桂英说:

"快去看看,俐丽是不是病了!"

樊桂英急忙丢下手中的活,朝着难友指的方向跑去。只见俐丽坐在墙根下,满嘴冒着白沫,小嘴不住地动着。樊桂英吓坏了,连连喊道:"俐丽,你怎么啦!"

"妈妈,我在吃饼干。"俐丽边说边举起右手,一片黑黄色的东西在樊桂英眼前一闪。

她定睛一看,原来是一片薄薄的肥皂头。樊桂英难过极了,连忙擦去俐丽满嘴的肥皂沫,一下把俐丽紧紧地搂在怀里,眼泪扑簌簌地掉了下来。

那一年,王洛宾被保释了,狱友们一方面为他获得自由而高兴,同时又舍不得这位性格乐观、多才多艺、苦中作乐,给大家带来许多快乐的好朋友;而王洛宾通过三年的牢狱磨难,与这群难友建立了革命友谊,特别是对罗云鹏一家产生了深厚的感情,他从罗云鹏身上受到教育和启迪,汲取了力量,提高了觉悟。他对那活泼可爱的小朋友俐丽,更是疼爱有加,亲如父女。当他知道将被保释时,曾向罗云鹏提出愿意把俐丽带出去抚养,等罗云鹏他们出狱后一定完璧归赵。从女儿的健康成长考虑,罗云鹏夫妇觉得托王洛宾抚养当然好。但是,这可能会给王洛宾带来不少麻烦,受到连累。在那时,同情共产党,和共产党有联系那是不得了的。因此,他们婉言谢绝了王洛宾的建议。

现在俐丽在监狱受折磨病成这个样子,做母亲的又无能为力,怎么能不难过呢?

罗云鹏的心情也是同样的。但他需要安慰樊桂英。一次放风,罗云鹏来到樊桂英身边看孩子。他亲了亲俐丽的额头,抚摸着孩子的小手说道:

"孩子是受苦了。她是为了革命吃的苦。这样对她也有好处,从小受到特殊的锻炼,今后会更坚强的。"

说也奇怪,和罗云鹏一样坚强,在毫无治疗和营养的情况下,俐丽的病居然逐渐地好起来了。院子里又能见到她的身影了。樊桂英对罗云鹏说:

"你说怪不怪,这样重的病,没有吃药就好了!"

"这是马克思、列宁在天之灵保佑的结果。"

"你还迷信!"

"不是迷信。马克思、列宁开辟了革命事业,我们正在为它的实现而斗争。孩子也跟着我们受到了锻炼,所以,才能如此顽强地和疾病、困难斗争。"罗云鹏看着俐丽继续说:

"孩子大了,应该给她起个学名。"

"你这当父亲的,早就应该考虑这个问题了。"

"孩子现在顽强地活下来了,将来在与这个万恶的旧世界做斗争中,她也一定会努力坚强地站立在民众之中。"罗云鹏谈了自己的想法。

"就叫力立吧！有力量地站起来。"罗云鹏说。

"好！这个名字好！"樊桂英十分赞赏这个名字。

"罗力立，还是张力立，说不定还有一番争论呢？"

罗云鹏说："就叫罗力立，这是革命的名字。"

1945年8月，从黄河边拉水的王昌明，带回了一个振奋人心的好消息——抗战胜利了。不久，看守们的言谈也证实了这一点。随后，又传来毛泽东、周恩来等代表中国共产党到重庆进行国共两党和平谈判的消息。难友们真是高兴极了。他们中间有多少人，是因为积极主张抗日，而被捕入狱的。现在抗战胜利了，总该释放他们了吧！此时，看守们的态度也一下子变得客气了，有的对难友说：

"我们到这里来，也是为了混碗饭吃，没有办法。"有的甚至对罗云鹏说："将来我们还可以交个朋友。"

天气冷了，看守所还破例给牢房中砌一个火炉取暖。难友的思想也比较活跃，整日里谈论着未来。已经六岁的罗力立，受到大人情绪的感染，也整天唱呀跳呀的非常高兴。

"俐丽在狱中已经五六年了吧！"一次放风时，大家在一起议论开来。

"再过几天就满六岁了。"樊桂英说。

"这孩子真聪明，其他的孩子这个年龄就该上学了。"

"我看可以向看守所提出要求，送俐丽去上学。大人坐牢，孩子有什么罪？"

"倒也是，这周围不知哪里有学校。"罗云鹏赞成大家的意见。

王昌明接着说："南边沟口有一个小学校，我每天去拉水从那经过，要是俐丽上学，我来回把她带上。"

罗云鹏觉得这个办法的确可行,决定向看守所提出要求。在当时的形势下,看守所同意了这个要求。

小俐丽背着妈妈用旧衣服改制的小书包,高兴地坐在王昌明拉水的车上上学去了。那一天,天气十分晴朗,在经过黄河边时,举目远望,在阳光的照射下,河面上闪着万道金光,俐丽感到了从未有过的惬意,那是她第一次领略大自然的美丽风光。虽然她身上穿的是补丁摞补丁的破衣服,但从内心迸发出来的喜悦足以抵挡这仲秋季节的阵阵凉风。她激动地高喊:"我当学生了! 我当学生了!"

俐丽坐在许多小朋友中间,和大家一起,跟着讲台上的女老师,像唱歌一样高声朗读:

"来来来,来上学,去去去,去游戏……"

这悦耳的朗朗读书声,是在监狱里从未听到过的,她很快就融入这些小伙伴之中。

放学了她同小朋友们一起排队走出校门, 这时俐丽一下子蒙了,不知该往哪里走。爸爸妈妈在哪里? 王伯伯怎么也不见? 她慌了神,站在校门外的路上大声哭起来。

不知过了多久, 王伯伯牵着毛驴一瘸一拐地过来,俐丽一下子扑了过去,又一次大哭起来。

王伯伯一边替她擦眼泪,一边说道:"大头,你怎么忘了,说让你在教室等着,我来叫你嘛!"俐丽确实没有听清楚接她的事儿,因为她来上学的时候,已经兴奋得忘乎所以了,根本想不到放学以后的事情。

俐丽向难友们滔滔不绝地讲述在学校中的所见所闻。可以看出,她对学习是有极浓厚的兴趣。然而,俐丽的情绪很快就低落下来了,诉说学校中一些同学如何欺负她。不久,看守告诉罗云鹏:俐丽上学后引起某些家长的不满,并且声明,如果让这个政治犯的小孩上学,他们的孩子就要退学。就这样,学校屈服了,俐丽被剥夺了上学的权利。难友们难过地安慰着她说:"俐丽,我们不去上那个学了。叔叔姨姨们教你写字、画画好吗?"俐丽懂事地点点头。

十三　赴　义

　　1944 年 7 月,看守所换了一个新所长,系中统特务,叫李茂伯,陕西兴平县人,三十岁左右。从外表看,此人还算"和气",对"犯人"的管理也不像梁俭那样粗暴,生活上也不像前几任所长那样克扣。之所以如此,在他看来,前几任所长,在管理上并不得法,结果自食其果。高压政策使"犯人"不断反抗、闹事,不是吗?几起犯人逃跑事件的发生,就使几个看守所长丢了乌纱帽。这里关的都是政治犯,都有政治头脑。和共产党打交道的经验告诉他,除了少数叛徒之外,共产党人都是很"顽固"的。高压政策不但不行,反而会引起麻烦。所以,他主张对于这些人要实行内紧外松的手法。表面上可以"和气"一点,暗地里加强防范。只要不出大问题,就可以保住官位。他常对"犯人"说:"只要你们在这里安分守己,好好反省,其他问题好商量。"

　　另外,他和王德纯的几次接触中发现,这个四川"女犯人"很合他的心意。她个子虽然不高,却长得很匀称。虽然狱中生活和精神方面的双重折磨,使她面容憔悴,但她的美貌仍然可以看得出来。至于她的案情,李茂伯是很清楚的,完全是屈打成招的假案。同时,他还发现,王德纯对胡润宝因受自己牵连被捕,始终感到内疚。她在政治上十分幼稚,容易产生幻想,容易被人利用。李茂伯决定,利用王德纯政治上和思想上的弱点,霸占她做自己的老婆。为了这个目的,李茂伯在对"犯人"的态度上就比较注意。

从此,李茂伯经常找王德纯谈话。

"你这样年轻美貌,不想早点出去吗?"李茂伯经常向王德纯提出这样的问题。

"我时刻都向往着自由,你们为什么把我关押在这里?"

"关于你的案情,我完全了解, 上司也很重视。我对你们是很同情的。"李茂伯装出一副同情的样子。

王德纯说:"我们本来是无罪的,早就应该释放我们。"

"问题哪有那么简单! 不过,我倒是很想救你出狱。"

"哼!哼!"王德纯开始听李茂伯这样说时,是不相信这样的人会救自己出狱。

李茂伯看出王德纯的心情,便说:"我说的是真话,你不要怀疑。当然你要答应一定的条件。"

"什么条件?"

"你答应嫁给我,这样我才好找上司去活动。"

当李茂伯第一次提出这个问题时,王德纯是非常惊愕和气愤的。她不知所措,扭头就走。李茂伯叫住她说:"你回去想想,我不只是替你着想,还有胡润宝。你出去以后,我还可以设法释放胡润宝。不然胡润宝就完了。"

对于李茂伯的许多话,王德纯并不动心。唯一使她动心的是最后几句话。"救出胡润宝"这是她日夜盼望的事,她总觉得对不起胡润宝。当她因为和继母不合而离家出走后, 幸亏遇到胡润宝这样一个正直诚恳的人,在经济上和思想上给予她很多的帮助,不然像她这样一个年轻女子,恐怕早已被那恶势力吞噬了。时间一久,她对胡润宝产生了超出一般朋友的感情,也多么希望能成为胡润宝的终身伴侣。后来,两人一起离开重庆,来到遥远的兰州。当特务逮捕他们时,胡润宝是因为掩护他们逃跑,和她一起被捕的。被捕后,特务们施用酷刑,胡润宝屈打成招,一个人承担了全部责任,希望为王德纯、罗克俭、高潘公开脱,受了很多罪。所以,王德纯总觉得十分对不起胡润宝,深感内疚。

有一次,她把正在过道里玩的俐丽悄悄地叫到牢房的门口,抖抖嗦嗦地把捏在手中的小纸团,放在俐丽的手中说:"俐丽,别问,快点,把这个给大胡子叔叔送去!"

王妈妈的声音和动作,使俐丽感到事情的重要,机灵地向洛宾叔的囚室跑去,把那个小纸团从木栏的缝隙里递进去。原来那是王德纯(化名

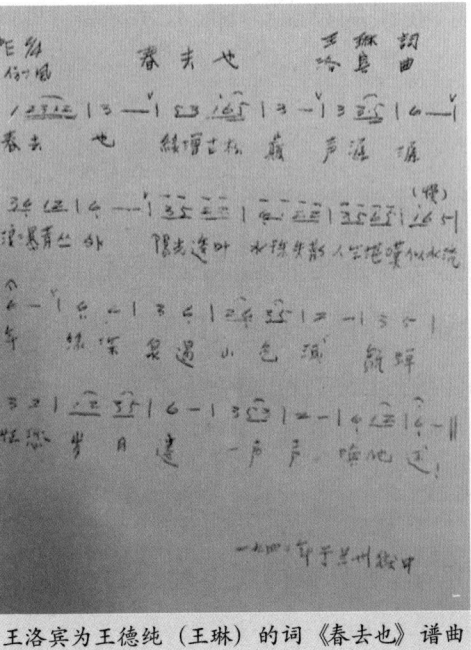

王洛宾为王德纯(王琳)的词《春去也》谱曲

王琳)写的词:

春去也,
绿增古松巅,
声潺潺,
浪瀑青丛外。

阳光透叶,
水珠失散,
人生堪叹,
似水流年。

绿深泉遏山色减，

雏蝉怔恐岁月迁。

一声声唤他还！

王洛宾立即明白了，这是让他谱曲的。很快一首由王洛宾谱写的歌曲诞生了。这首歌曲表达了王德纯对胡润宝深深的思念、歉疚。

现在李茂伯提出，如果她以身相许，可以设法解救胡润宝。这的确打动了她的心。她想："如果能救胡润宝出狱，我宁愿牺牲一切。"

当王德纯把这件事告诉给樊桂英以后，樊桂英很快又转告了罗云鹏。

"这是骗局！"罗云鹏一眼就看穿了李茂伯的用心。"告诉小王，李茂伯的目的是为了霸占她，如果屈从了他，不但救不了胡润宝，而且可能加速胡润宝的死亡，千万不要上当。"

对于罗云鹏夫妇的劝告，王德纯进行了反复认真的考虑，把两种可能进行了比较。她那单纯的思想，对这种复杂的问题实在是分析不清楚。这时，李茂伯为了欺骗王德纯，进一步表现出对犯人宽大对待的样子。伙食和卫生条件也有所改变。这些都给王德纯一种假象。特别是每当她看到胡润宝那被折磨得不成样子的身体，就越加使她下定牺牲自己、救出胡润宝的决心。

王德纯在与李茂伯最后一次谈话时问道："如果我答应了你，你用什么办法救胡润宝出狱呢？"

"你是我的妻子，胡润宝作为妻子的好友，或者说成亲戚，救出来我想是不会有什么问题的。"

王德纯受骗答应了做李茂伯妻子。不久，便由李茂伯作保释放出狱。

李茂伯为她找了房子,这年冬天开始同居,1945年春正式结婚。

此后,王德纯曾多次要李茂伯设法释放胡润宝,李茂伯总是说正在积极设法。有一次竟欺骗她说胡润宝已被释放离开兰州,实际上李茂伯却正在酝酿着残杀胡润宝的计划。

每当谈及王德纯的受骗,罗云鹏就十分难过,认为没有想到敌人会对王德纯施用如此手段。几年来,对她的帮助也不够,没有尽到自己的责任,对不起王德纯。他对樊桂英、王芳玉说:"在争取王德纯的斗争中,我们是失败了。应该吸取教训,识破敌人一切的阴谋诡计,尽量帮助每个难友。"

1945年10月10日,"双十协定"签订,消息传来,保证人民的民主权利;保障人身、信仰、言论、出版、结社、集会的自由,取消特务机关;释放政治犯等内容,使难友们振奋。一些难友考虑出狱的问题了,思想开始松懈。在和敌人进行长期斗争中不断成熟的罗云鹏,虽然也很高兴,但是,他总觉得很不踏实。一贯反共反人民的国民党反动派,能够讲信用吗? 能够兑现他们的诺言吗? 他抱着怀疑的态度。

恰在这时,接连几天有十多个青年学生相继被投进看守所。他们都是最近因为反对国民党法西斯专政,要求实行民主而被捕的共产党员和进步青年。这些新难友向罗云鹏等讲述了抗日战争胜利后和国共重庆谈判期间,国民党反动派积极准备内战的所作所为。国民党反动当局不但不执行协定,释放政治犯,反而加紧杀害著名的共产党人和进步人士,继续逮捕革命人士入狱。这些事实,证明了罗云鹏对国民党反动派本性的分析,他们是残忍的、不讲信用的,绝对不能对他们抱什么希望,不能放松警惕。

罗云鹏认为，有必要在难友中揭露反动派的阴谋，提高大家的警惕性。他对难友们说："对于国民党，我们不能光听它说些什么，主要看它怎样做。国民党只有无条件释放政治犯，才能表现出他们进行政治协商的诚意。现在他们还不断逮捕进步人士，根本看不出他们诚意何在。所以，我们不能麻痹，仍要准备进行各种斗争。"在罗云鹏的教育下，很快就在难友中出现了要求释放政治犯的呼声。一有机会大家就质问看守：

"国共和谈达成协议，要释放政治犯，为什么你们不执行！"

"为什么不释放我们，当局说话算不算数？"

看守所出现的这一新情况，特务机关十分惊慌，他们完全知道这是罗云鹏鼓动的结果。对于这个共产党的甘肃领导人，特务们实在是毫无办法，并且还有几分害怕，他软硬不吃，酷刑不能使他低头，在死亡面前他不曾眨一眨眼，收买感化他更不买账。特务们与他进行辩论，经常被弄得下不了台。罗云鹏有很大的能量，言行对"犯人"有很大的感染力。在他的鼓动下，"犯人"们经常给看守所出些难题，很伤脑筋。所以特务机关把罗云鹏看成心腹大患，一心想置他于死地。还有胡润宝一案，李茂伯心中十分明白，这原是一起屈打成招的冤案。但是，既然已经搞得偌大声势，已向国民党中央上报邀功，释放他必将造成很大的被动。再说，自从他和罗云鹏接触以来，思想上发生了极大的变化，倾向共产党，真是弄假成真。何况李茂伯又非常清楚王德纯和胡润宝的关系，如果让胡润宝活着出去，将会给自己家庭带来许多麻烦。出于这些原因，当时已升任中统兰州市区主任的李茂伯，决定杀害罗云鹏和胡润宝两人。

为了稳住难友，敌人一方面谎称，关于释放政治犯一事当局正在研究，不日即可有所结果。同时，先后和罗云鹏、胡润宝进行"谈话"：

"关于释放政治犯一事，当局正在研究具体办法，罗先生可向大家做些解释。"

"难友们的要求并非哪个人可止可行，我希望当局重视大家的呼声。"

"释放后，我们将保证罗先生及夫人安全抵达延安。"

"我们的去向将由我们自己决定，不需要你们安排。"罗云鹏觉得敌人的态度十分反常，因而保持着高度的警惕。他接着说："但愿你们今天说的话都是真的，我已下定把牢底坐穿的决心。"

罗云鹏对敌人的谈话，进行了认真的分析。真的会释放吗？按照眼前的情况，形势没有好转的迹象，反动当局怎么会进行无条件的释放呢？那这种反常现象，只能被认为是敌人的缓兵之计，可能是大屠杀的前兆，必须做好最后牺牲的准备。

罗云鹏亲切地对胡润宝说："反动派的本性是难改的，我们不能有任何幻想，应该做好最后牺牲的准备。"胡润宝热爱自由，渴望自由，他在狱中曾写过一首诗，后来被王洛宾谱成歌曲[1]《来，我们排成队！》：

来！我们排成队，

齐声歌唱，

自由万岁！

自由万岁！

人生的美岂仅是幽默的铁窗味，

---

[1] 王洛宾在兰州沙沟监狱被囚的三年中，作曲、谱曲共十三首。除本书记载的《我爱我的牢房》《大豆谣》《春去也》和《来，我们排成队》四首。其余是：《想、惦、忆》《悲歌》《炊烟》《摇篮曲》《云》《阿姐是否叫云云》《夜漫漫》《赞美歌》《云曲》等。参看《洛宾歌曲集》，甘肃人民出版社，1983 年。

齐声要求自由，

带我们重返十字街，

重新欣赏那人生苦味，

重新领略那悲欢的泪，

我们走向无极的宇宙，

去寻找无极的美。

来！我们排成队，

齐声歌唱，

自由万岁！

自由万岁！

自由万万岁！

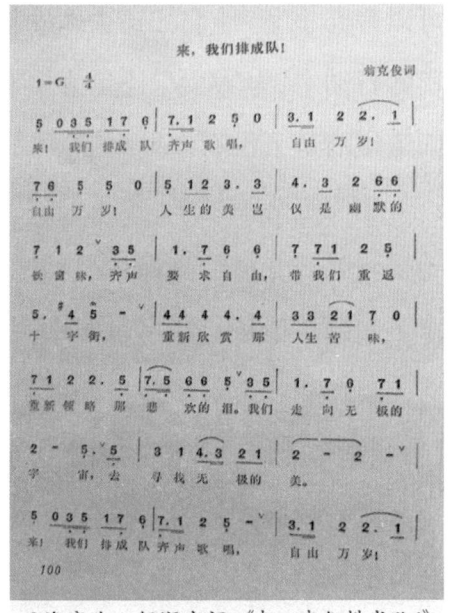

王洛宾曲、胡润宝词《来，我们排成队!》

他曾问罗云鹏："你家那样有钱，又是大学生，家里还给你娶了漂亮的媳妇，你不是想过什么日子就过什么日子，为什么偏偏冒着危险自找苦吃，你们共产党到底怎么想的？"

"你不是一样吗？你虽不是共产党员，却是爱国的进步青年。"

"我哪能和你比！你是自觉的，我是被逼的。"

胡润宝确实提出了一个非常严肃的问题，是一个关系到共产党人世界观的根本性问题。

"你提的是一个很深刻的问题。"罗云鹏稍停了一下，他想尽量用简单通俗的语言来说明这个大问题，"这实际上是一个大家和小家的关系问题。马克思主义认为，人民群众是历史的创造者，是历史的主人，民族、国家、人民大众是'大家'。中国共产党就是为民族复兴和人民群众的解放而斗争，为广大人民群众谋幸福而努力的。真正的共产党人为了大家可以舍弃小家。他们知道为大家活着才有意义;为大家牺牲才有价值。在实际行动中,为'大家'还是为'小家'这是衡量共产党员的重要标准。不知道说清楚了没有?"

胡润宝听清楚了,实际上,在和罗云鹏相处的这段日子里,他已亲身感受到共产党员的高尚情操和博大胸怀。罗云鹏已经以实际行动回答了这个问题。他从心底里敬佩中国共产党。

现在胡润宝听了罗云鹏的话,点头说:"是的,我虽不是共产党员,但是,我觉得能以共产党的名义去牺牲,是非常光荣的。"

罗云鹏激动地看着这位正直淳朴的青年说:"如果牺牲了,人民是不会忘记你的。"

罗云鹏又把自己的看法告诉了樊桂英。她同意罗云鹏的看法,并说:"死,我们死在一起;活,活在一处。"

"不要说这些傻话,不能让革命无谓地牺牲任何一点力量。你的身份没有暴露,不一定被杀害。我们的生命属于党,不是为哪一个人活着。你如果能获得自由,要千方百计找到党,汇报我们的情况。"他看了看力立说:"要好好抚养孩子,使她成为一个有志气、有骨气的人。"樊桂英热泪盈眶,说道:"你放心好了……"她说不下去了。

被力立叫作"大朋友"的胡润宝,大高个儿,穿着灰色的长袍子,又细又长的眼睛,和蔼可亲,平时总喜欢坐在炕上让力立坐在他的脚背上玩"荡秋千"。这一天,他对力立说:"你知道不! 我要走了。"

"到哪儿去?"力立望着他细长的眼睛,"你走了,还回来吗?"

他摇摇头,久久地望着力立,好像从未见过似的。

"大朋友送你一个好东西!"他在被子里摸着,终于拿出一个花花绿绿的大圆球,放在小力立的手上,又用两只冰凉的大手紧紧地握住她捧着花球的双手。"这球可以当皮球在地上滚着玩。"他比划着,教她怎么滚。

"大朋友"的话刚说完,小力立便迫不及待地把双手从"大朋友"的手里抽出来,又很快从方孔里钻出去,在过道里把"皮球"滚来滚去,玩得很起劲。

"记着,藏好,可不要丢了!"大朋友这样嘱咐着。

力立非常喜欢这个"皮球",睡觉都抱着它。幼小的她哪里懂得,这个圆球是胡润宝留给她的永久纪念。胡润宝预料到敌人将很快对他下手,便将自己一件贴身的毛衣拆了,用毛线绕成球,寄托着他对难友的思念,对力立的关爱和期望,这个礼物是何等的珍贵啊!

正如罗云鹏所分析的,敌人果然是在玩弄缓兵之计。他们正在暗地里策划屠杀行动。在此期间,李茂伯曾连续几次向甘肃省调统室主任向离,副主任粟枝荣等呈送报告,声称:"罗云鹏是中共地下工作人员,有电台一部未交,未谈其组织情况。在监六年毫无转变。胡润宝为中共西北交通线负责人。该二人顽固不化,近来又鼓动犯人讨要人权,要求释放。"要求秘密处死二人。

屠杀行动开始了。

1946年2月22日,晚上8点多,小号的牢门打开了。一个看守走到胡润宝的牢门前喊到:"胡润宝,所长谈话。"胡润宝从黑暗中走出小门,跟着看守去了。

"怎么晚上谈话?"一个念头闪过罗云鹏的脑海。"平时谈话从来都在白天,莫非……"

半小时后，牢门又打开了。另一个看守提着马灯走了进来。他先巡视了一下各间牢房，最后走到罗云鹏的牢门前说："所长请你去谈话。"罗云鹏慢慢地从小土炕上坐起来，他预感到最后的时刻到来了。他整理好衣服站了起来，环视了一下住了四五年的牢房，然后走出牢门。此时，难友们都被惊动了。他们贴着牢门，竭力侧着头，向罗云鹏这边望着。樊桂英特别焦急，牢房内昏暗的灯光使她无法看清这边发生的事情。力立也趴在牢门上喊着爸爸。

罗云鹏回身走到樊桂英牢门前，深情地看着樊桂英，说道："你要保重！有机会要回'家'，带好孩子。"他把手伸进牢门，抚摸着力立，说道："爸爸没有什么东西可以留给你，要听妈妈的话。"蹲下身去深深地吻了一下力立的额头，然后转身走向牢门。突然，小力立感到扶在牢门栏杆上的小手上有一些热乎乎的东西在流动，抬头望去，只见两行热泪从妈妈眼中夺眶而出，一滴滴落在自己的手上。此时的樊桂英悲痛极了，她已经意识到，罗云鹏此去凶多吉少，此时很可能就是他们一家三口最后的相聚，而力立或许还不知道，爸爸这一吻，竟成为父亲对她的最后一吻。

一路上，他和难友们挥手告别。难友们难过地望着他。走在他后面的看守手中的马灯，照得罗云鹏的身影特别高大。他大步地朝门外走去。

一到前边，一切都明白了。几个荷枪实弹的看守在牛世元的带领下站在那里。这里的看守只有在行凶杀人的时候，才如此披挂整齐。胡润宝在房子里，当罗云鹏来到时，也被带了出来。两人见了面，四只手紧紧地握在一起，互相对视着。罗云鹏对他点点头，然后两人肩并肩地随看守向大门外走去。四个看守前后分开，顺着一条崎岖的山路走着。罗云鹏昂首挺胸,迎着寒风,大步走着。此时,他在想什么呢? 也许,他在回顾他这一生的道路和革命的年华,他没有辜负党的教导。他是一个真正的共产党员。在他将要离别这个世界时,他可以告慰自己:我没有虚度年华! 也许,他是在怀念党,默默地向辛勤教导他的首长、战友告别。同志们现在在干什么呢? 他们一定在拼死斗争吧! 张敬载,不,是罗云鹏,向你们告别了,所未完成的任务,我相信你们一定会完成得更好! 也许,他在遐想,百万雄师正冲向蒋介石反动统治的老巢。旧世界土崩瓦解,一个崭新的中国屹立在世界的东方;也许……总之,罗云鹏镇定自若,胸怀坦荡。10 时左右,他们来到一个小土坡前,这里已经挖好了两个土坑。特务们停了下来,牛世元走到罗云鹏、胡润宝面前,狰狞地笑着说:

"奉上司命令,今天执行你们。不过还给你们最后一次机会,如果现在招供,就可以不死……"

罗云鹏蔑视地哼了一声,没等牛世元把话说完,就说:

"少废话! 我罗云鹏这一辈子跟共产党走定了。活是共产党人,死是共产党鬼! 你们不要有什么妄想。"

牛世元气急败坏,把手一挥,几个特务围了上来,用绳子绞住两人的脖子,最后的时刻来到了,罗云鹏、胡润宝用尽力量,大声高呼:

"共产党万岁! "

"打倒国民党反动派! "

这声音惊天动地,在山间回荡着,它越过群山,跨过黄河,在祖国大地上激荡回响……

特务们颤抖的手把绳子拉紧了……

中国共产党的优秀党员罗云鹏倒下了①。中国人民的好儿子胡润宝倒下了。为了中国人民的解放事业，为了信仰，他们献出了年轻的生命。

然而，烈士倒下去了，千百万人民站起来了。就在烈士们倒下去的这片土地上，烈士鲜血灌溉了无数朵鲜花。许多受过罗云鹏教育的难友，不但没有被敌人的屠杀所吓倒，反而增加了对反动派的仇恨。不少人出狱后坚定地参加了革命，成为共产党员。

三年后，红旗就插在了这片土地上。欢歌代替了悲叹，笑容代替了愁颜，富裕代替了贫困，康健代替了疾苦，智慧代替了愚昧，友爱代替了仇杀，生之快乐代替了死之悲哀，明媚的花园代替了凄凉的荒地。无数先烈含辛茹苦，流血牺牲为之奋斗的这一天，终于来到了。

人民怀念罗云鹏烈士，罗云鹏烈士永远活在我们的心中！

---

①关于罗云鹏烈士牺牲时间问题，目前有以下几种说法：①1950 年 12 月 28 日，兰州市人民法院刑事判决书（刑字四七六号对李茂伯的判决）为 1946 年 2 月 22 日；②兰州市烈士陵园罗云鹏烈士纪念碑称 1946 年 2 月 12 日；③兰州市公安局政策法律研究室编《公安史志资料选辑》（2）第一页为 1946 年 2 月 15 日；（4）第十一页为 1946 年 2 月 27 日；④甘肃人民出版社 1986 年版《罗云鹏传》称为 1946 年 2 月 25 日。因罗云鹏烈士是被秘密杀害，没有文字记录，凭借有关人犯几年后的记忆或推算，出现误差可以理解。本书以权威的、正式公开的"判决书"为依据，定为 1946 年 2 月 22 日。

1950 年 12 月，特务分子李茂伯，经兰州市中级人民法院判决，处以死刑。一直关心罗云鹏下落的赵子明，得知罗云鹏确已被害的消息后，立即把判决书手抄件寄给了仍对罗云鹏尚在人世抱有一线希望的樊桂英，同时在兰州让牛世元等人犯，到现场寻找罗云鹏烈士遗体。遗憾的是，由于特务杀人太多，掩埋无序，一直未能找到。

十四　回"家"

1946 年 8 月那天,樊桂英清点了一下衣物,准备出狱了。有什么可清点的呢!六年的牢狱生活,原来带来的那些衣被早已破烂不堪,稍好一点的,大的改成小的,长的改成短的,还给力立改了个书包,的确没有什么可带的了。最后,包在包袱里的是罗云鹏留下的一顶毛线帽、一双毛线袜和母女两人的几件脱换衣服。她告别了狱友,带着背着书包的力立,走出了这个被囚禁了五年多的人间地狱。力立抱着"大朋友"送给她的那个心爱的毛线球,坐在拉水的毛驴车上走了。

此时,樊桂英想得很多,而罗云鹏是她最牵挂的。

1946 年 2 月,国民党反动当局虽然正积极准备内战,但是因为内战毕竟尚未正式打响,公开杀害共产党人还是多少有些顾忌。因此他们严密封锁杀害罗云鹏、胡润宝的消息。每当樊桂英问起罗云鹏的去向时,特务们总是含含糊糊地说国共和谈了,要释放政治犯,罗云鹏是共产党点名要的人,已被驱逐,离开兰州了。对于敌人的这个回答,樊桂英总是半信半疑:敌人真能放了老罗吗? 可能性不大。但是从良好的愿望出发,还是抱着一线希望。

由于国民党监狱人满为患,敌人对那些被冤入狱、常年关押又无证据的共党嫌犯等积案进行清理,因樊桂英的中共党员身份始终没有暴露,反动当局被迫将母女俩释放。

　　一天,樊桂英被叫到办公室:"根据上峰通知,决定放了你。你填一张'开释表'就可以走了。"樊桂英感到有些突然。她拿起那张放在桌上的"开释表"仔细地看着,其内容是因共党嫌疑被捕,现予开释,半年不得离开兰州、不准与任何赤色分子联络等语,并无有关脱党、叛党等内容,便签了字。

　　对于出狱,樊桂英是多么的期盼啊!特别是罗云鹏走了以后,这种愿望更加强烈。然而,当出狱成真时,她却非常冷静。她认为:敌人现在放她,除了开释表上的理由外,恐怕还有其他企图,莫不是想放长线钓大鱼?如果是这样,自己出狱后的行动肯定在敌人的监视之下,自己找工作就可能牵连别人。樊桂英多么想和同志们商量商量啊!此时,她特别想念罗云鹏:"老罗,你在哪啊?"

　　她对看守说:"我不走,出去没有饭吃。"

　　特务头子陈国英的老婆丁树景,对这冤狱六年的母女还是有些同情心的,随即出面介绍樊桂英到小西湖国立西北医院(中央第三医院)妇产科当助产士。实际上樊桂英对这家医院并不陌生,院长陈桂云是她的恩师,50多岁,医术精湛,是位虔诚的基督徒。还有几位陕西助产学校的同学也在该院工作,那年力立出生时,还是老同学到家里接生的。樊桂英当时之所以这样做,是为了尽量减少医院和朋友的麻烦。

　　师生久别重逢,感叹世事多变,唏嘘不已!当陈桂云得知她喜爱的学生坐牢6年、丈夫生死不明时,十分痛心地说:"桂英啊,你可受苦了,孩子也跟着遭罪……就在这儿做助产士好了,娘儿俩还要生活嘛。"临走时她还送给力立一条漂亮的花围巾。

就这样，在大家的热情帮助下，很快就为她解决好了吃住问题。学校开学时，又在附近一所小学为力立解决了上学问题，此时，罗力立已经七岁了，并且在狱中经过父母亲和叔叔阿姨们的教诲已有一定的基础，所以，插班上了二年级。解除了樊桂英的后顾之忧。她感激大家，立即投入工作中去了。

很快樊桂英就发现，在她身边经常有特务暗中盯梢，监视她的行动，看她同什么人来往。有一次，母女俩正吃早饭，突然闯进两个便衣特务，声言"奉上级命令要检查一下"，他们说着便非常粗暴地将几只旧纸箱翻得乱七八糟，一些旧衣服、旧书报扔了一地，其中一个人从地上捡起几个信封，迅速插入手提包里，另一个人捡起一顶毛帽子和一双毛袜子，樊桂英急忙上前抢了过来，说冬天快到了，还要用呢。那人便扔下了。这帽子和袜子都是丈夫罗云鹏用过、她亲手编的。为了不给医院和同学们惹麻烦，一段时间里，她没有进行什么活动。特务们见没有什么油水，不久就放松了对她的监视。

樊桂英永远不会忘记罗云鹏临别时"有机会要回'家'，带好孩子"的嘱托。她多么想"家"啊！曾几次悄悄到原兰州八办等熟悉的地方去观察，那里早已物是人非，知道她组织关系的同志均已离去。况且狱中六年多，她对外面的情况根本不了解，她也知道组织需要对她进行考察。为了对组织安全负责，樊桂英决定离开兰州前往西安另找"回家"路。

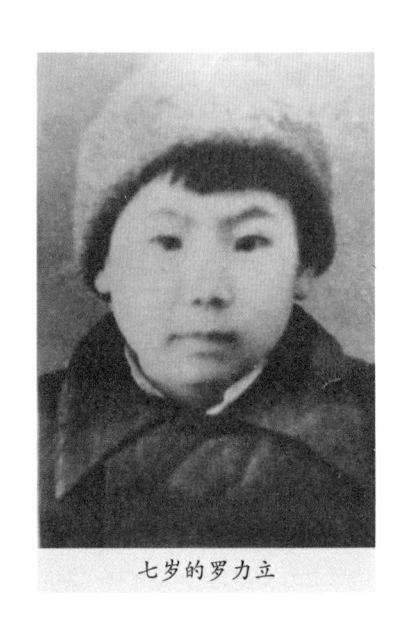

七岁的罗力立

陈院长虽然舍不得这位人品好、医术高、深受患者欢迎的好医生,但是又十分理解她的处境和心情,便热情地帮她办好了各种手续。在医院工作了一年,省吃俭用,经济上略有些积蓄,1947年夏,学校一放假,母女二人就动身了。

原先兰州前往西安都是走西兰公路,翻越华家岭、六盘山,经平凉进入陕西,汽车要颠簸两天多,如果遇到雨雪冰冻天,坡陡弯急的六盘山段非常危险,经常停运。那年樊桂英从西安到兰州走的就是这条路。1945年12月,陇海铁路①宝天段通车后,很多人便乘汽车先到天水,转乘火车前往西安,由于宝天段是建在活跃的秦岭地槽和稳定的鄂尔多斯古陆的接合部,地质结构很不稳定,不时会有塌方、泥石流阻断交通。但是,这条线路比走西兰公路还是要省时、省钱,人也舒服些。她和罗云鹏那年到天水工作时,就是从兰州乘汽车走这条路到天水的。樊桂英选了走天水一线。

当时,长途汽车就是大卡车,没有座位,旅客坐在自己的行李上,冬天或雨雪天,加上篷布遮挡雨雪,夏天或好天气就敞篷或把篷布两侧卷起来,这样既透风又可观看沿途风光。力立是第一次长途旅行,对公路两侧的远山、河流、村庄、庄稼、那树上挂着的红红的果子……都感到非常

①陇海铁路:中国幅员广大,铁路线里程很长,由于修建时间不同,也为了方便,一般都用铁路起止点为铁路命名,如京(北京)汉(汉口)铁路、平(北平)绥(原绥远省省会归绥市今呼和浩特)铁路、津(天津)浦(南京浦口)铁路等。陇海铁路是指从江苏省连云港市的海州到甘肃省兰州市铁路的总称,是中国东西交通大动脉,途经徐州、郑州、西安、宝鸡、天水至兰州,共长1759公里。始建于1905年,分段修建,历经艰难,1945年12月,宝(鸡)天(水)段通车后,直到中华人民共和国成立后开建天(水)兰(州)段,1952年建成,1953年7月兰州通车运营,先后历时四十多年。因此,1953年7月前,兰州是不通火车的。

新鲜,问题不断。樊桂英虽然回答得口干舌燥,但是,看到女儿高兴的样子,又感到十分欣慰。

下午,汽车即将离开渭河河谷,就要翻越北山进入天水了。司机在一个小火车站旁停车让大家稍事休息。那时陇海铁路天(水)兰(州)段尚未动工,这里可能是修建宝(鸡)天(水)段时的工地或材料场,两股道上停着两列货车和绿色宿营车。

"看! 那是火车。"旅客中不知谁喊了一声。天水火车站通车仅半年时间,很多人还没见过火车。

在沙沟监狱时,力立听郭老师和叔叔阿姨们讲过火车,非常向往,现在火车就在眼前,她太激动了。当大家上车准备出发时,却不见了力立。樊桂英大声喊着,不见回应,急得樊桂英都要哭了。那位好心的司机是个陕北壮汉,不断地安慰她,并做着旅客的工作:"大家再耐心等等,娃丢了,我去找!"他跑步在汽车附近各处寻找着,旅客们也帮助寻找。

"大嫂,你看那是不是!"司机向樊桂英喊道。

樊桂英急忙顺着司机手指的方向看去,只见约一百米处的那列宿营车旁边一个孩子从车下钻来钻去,玩得正起劲。她一眼就认出那是力立,心里一块石头落地。急忙跑过去一把拽住力立的手往回拉,力立似乎还未尽兴,一边走着一边还回头看着。力立本想去摸摸这个火车,不想却玩得忘乎所以,闯了"大祸"。

汽车在弯弯曲曲的盘山公路上缓慢地行驶,翻越天水北山,从天水县城北,向天水火车站所在地——北道埠驶去。第二天午后她们乘火车到了西安的姐姐樊金英家中。姐妹俩和六十多岁的母亲相聚一起。

那年,樊桂英被捕后,一个在兰州做生意叫包儿的老乡,把消息告诉了远在山西的樊桂英的母亲,这突如其来的消息,犹如晴天霹雳,急得老人大病一场。

现在,六十多岁的母亲,见到失去音信多年的小女桂儿和从未谋面的外孙女,老泪纵横。祖孙三代抱头痛哭,各自诉说着多年的经历和思念之情。

对古城西安,樊桂英并不陌生,这里是她事业和革命的出发点。那年她考入刚刚成立不久位于西安西华门附近的陕西省立高等助产职业学校,三年中,在名师指导下努力学习,以优异的成绩毕业后留在附属医院工作,为日后的高超医术奠定了坚实的基础。更重要的是,在这里遇到了秦邦宪(博古,西安事变时以中共中央代表身份协助周恩来工作,后曾任中央组织部长)的夫人刘群先同志。介绍她参加在陕西泾阳的安吴堡青训班,不久加入中国共产党,从此走上了革命道路。因此,她对这里是有深厚感情的。

在安吴青训班时她知道,再向北进入陕甘宁边区就到延安了,那时很多国统区、敌占区的爱国青年就是从这条线进入延安的。她决定从这里探探回"家"的路。

然而,此时的时局已和以前大不一样了。1946 年 6 月,国民党反动派破坏重庆谈判协议,发动了全面内战。1947 年 3 月,又先后发动了对山东、陕北两个解放区的重点进攻。蒋介石命令胡宗南调动 23 万大军,向陕北解放区发动进攻,企图把中共中央挤出陕北,随后在华北聚而歼之。然而,在党中央的指挥下,解放军以两万之师,先后取得青化砭、羊马河、蟠龙、陇东和沙家店五大战役胜利,主动撤离延安,拖着敌军在陕北转圈子,使其企图彻底失败。在这种形势下,国民党把陕北封锁得像铁桶似的,各条道路严防死守,对过往行人严格盘查。樊桂英一到泾阳,就感到气氛不对,不敢贸然行事。几经周折仍然无果而终。二十多天后,樊桂英又回到西安。

新寡的姐姐家也不宽裕,膝下两男两女,靠变卖家当生活。樊桂英不能拖累姐姐,为了生活,特别是女儿上学,她必须找一份工作。她想到母校和附属医院。此时,母校虽与陕西省医学专科学校合并,但是,许多老师和同学还在。对于樊桂英的到来老师和同学都很欢迎,当年毕业后学校曾以每月30元的薪水要她留校,而她却去了安吴青训班。这时,为了生存,在老师和同学的帮助下,她又一次进入了学校附属医院工作。

力立也在姨妈家附近上小学。谁料有一天,因为没有校服穿,被罚站很久,不许回家。姨妈很疼爱这个外甥女儿,便到学校去找,只见力立站在教室门口抹眼泪。姨妈见状怒火中烧,拉着力立的手,找到女校长厉声质问道:"你们这儿是学校还是监狱?罚站这么长时间,为什么虐待我娃!……"第二天,力立去上学,校长冷冷地说:"你被开除了。"

祸不单行,9月份,力立染上了白喉病,高烧不退,吞咽困难,非常危险。姨妈卖掉了她唯一的一枚金戒指,跑遍各大药房,终于买到白喉血清,治好了力立的病,真是血浓于水啊!姨妈始终对她视如己出,给她做鞋缝衣,关怀备至。

对樊桂英来说,现在身处大城市,有一份稳定的、自己喜欢的工作,薪水虽然不太高,维持两个人的生活还是可以的,她完全可以在此苟安一时。然而,她最念念不忘的是罗云鹏的嘱托:"尽快回'家',带好孩子。"

1947年12月,晋冀鲁豫解放军解放了运城、安邑、夏县三角地带,1948年5月,又取得临汾战役的胜利,拔除了敌人在晋南的最后一个据点,晋南全部解放。这种形势使樊桂英受到很大的鼓舞,更加激起了她回"家"的愿望。1948年8月,樊桂英带着9岁的力立和60多岁的母亲,再次踏上回"家"的路。

从西安到山西安邑(运城)的交通最大的问题是如何渡过晋、陕交界处的黄河。那时,这一带没有桥梁,平时来往旅客是从沿河一带大小渡口靠木船摆渡过河的。比较大的渡口如府谷—保德(阳方口)、佳县—克虎寨、吴堡(宋家川)—柳林镇、韩城—河津、潼关—风陵渡等,经常人来人往。但是,现在面对一河之隔的山西解放区,国民党极为恐惧。为了防范解放军,特别是晋冀鲁豫解放军陈赓、谢富治兵团从潼关强渡黄河开辟豫西解放区后,敌人对沿河一带更加严格控制,遍设关卡,严控船只,不准两岸往来。一些急需渡河的人,只能冒着极大危险进行偷渡。在仔细考虑了利弊,又征求了比较熟悉情况的老乡们意见,最后樊桂英决定从陕西合阳县(郃阳)附近的洽川镇(合川)渡河。这里比较偏远,敌人控制得相对松一些,并且过河后离家乡也比较近。

她们先从西安乘坐马车,在140多公里、凹凸不平的土路上颠簸了两天多,才到陕西合阳县的合川镇。镇子离渡口还有相当一段路程,没有交通工具,因此,三人简单地吃点饭,便向渡口赶去。

国民党为了防范山西晋冀鲁豫解放区,在通往渡口的路上设了关卡,对过往行人严加盘查,敲诈勒索,当樊桂英祖孙三人来到关卡时,已有几人正在等候检查。早有准备的樊桂英非常镇定,主动地对检查的士兵说:"这是我老娘,这是我女娃。"

"你们从哪来,到哪去?"

"我们在西安住,老家有急事,老娘也想家了,送她回山西老家。"

几个士兵打量着这老的老、小的小操着标准山西方言的三个普通女人,翻看了随身的简单行李,没有发现值得他们关心的东西,便摆摆手让她们过去了。

过了关卡,她们心里轻松了许多,前面还有一段山路,出了山口,就看到渡口了。樊桂英重新整理了行装,自己背着一个大包袱,手里提着一个小包袱在前面走,力立背着书包,一手挎着一只小篮子,一手搀扶着年迈的外婆跟在后面。当她们走到一个转弯处,突然,从路边一片树林里窜出两个人来,一人端着枪,一人拿着棍子,站在路中间喊道:"站住,把钱拿出来!"三人吓了一跳。樊桂英定了定神,只见这两个男子三四十岁,面目憔悴,衣服不整,意识到是遇到劫匪了。

"大哥,我们跟你一样穷,我男人病死了,钱都花完了,没办法,这不,带着老娘和女娃去投靠亲戚,就这些东西,你看要啥呢?"

劫匪端详了一下眼前这三个人和携带的东西,觉得真是没什么油水。就在这时,不远处传来了说话声,那两人十分失望。但是,"贼不走空",便顺手夺过樊桂英手中的那个小包袱,转身钻进树林中不见了。三人惊魂未定时,后面的人过来了,知道情况后,纷纷安慰道:"大姐,破点财,人安全就好。这条路常有这事,一些散兵游民,专找落单的人下手。劫走的东西多不多?"

樊桂英想想,小包袱里东西倒不多,都是三人路上用的东西和不多的零用钱,损失最大的是母亲的那件舍不得穿的小皮袄。

"哎呀!坏了!"力立喊道。

樊桂英吓了一跳:"咋了?"

"'大朋友'给我的毛线球呢?"力立几乎要哭出来了。

真的,樊桂英想起来了,过了关卡,毛线球是放在小包袱里的!

毛线球是胡润宝把贴身穿的毛衣拆了给力立做的,是送给力立的珍贵纪念品,"保存好,不要丢了"的嘱咐她始终牢记。三年多来,她视为珍宝,总是随时带在身边。毛线球的丢失对力立来说,简直是巨大的损失,她哭得很伤心!觉得很对不起这位"大朋友"。后来,每当提起此事,力立总是耿耿于怀。

经过这一番折腾,祖孙三人到渡口时,已是夕阳西下之时了。由于国民党严密控制,渡河不能用船,只能在晚上,使用羊皮筏子,在黑暗掩护下进行偷渡。在兰州住了多年的樊桂英对于羊皮筏子还是知道的。这是一种古老而简便的水上运输工具。人们把羊宰杀后,不开膛,而是从颈部开始向后,剥出一个完整的羊皮筒子,经过熟制,翻过来,扎住四条腿和颈部,密封后充满气,形成一个个外部光滑的圆形羊皮筒,这些羊皮筒根据需要固定在大小不同的木排下,就形成羊皮筏子,常见的是四排共十六只的筏子。羊皮筏子重量轻,一个筏子客可以把一只筏子扛起,在岸上从下游转移到上游。正因如此,筏子吃水浅,对河道深浅要求不高,并能紧靠岸边停泊,方便乘客上下。也正因为这样,在水急浪高操作不当时,比较容易倾覆。为了安全,乘坐筏子时,行李、货物堆在中间,乘客脸朝外坐在四周,天热时可以将脚放在水里。樊桂英知道这是具有危险性的,但是,别无他法,为了早日回"家",明知山有虎偏向虎山行,她相信一定会成功的。

夜幕降临,那是一个没有月亮的夜晚,繁星满天,樊桂英一手扶着老母,一手搂着女儿,祖孙三人坐在羊皮筏子上,心情紧张。在船工熟练的操作下,筏子顺流而下,还算平稳,只是在穿越中流线时有些颠簸,耳边的流水声伴随着有节奏的划桨声,腿脚上溅着凉凉的水花,使人心情逐渐平静下来。大约过了半个多小时,终于靠了岸,到达山西省临晋县(临晋县1954年与猗氏县合并为临猗县)吴王渡。

樊桂英一踏上河岸,回到了阔别多年的故乡,回到了晋冀鲁豫解放区,熟人、熟地、熟悉的乡音,使她感到那样的亲切,一路上的疲劳、紧张、不快,这时似乎已荡然无存。

一夜休息,祖孙三人乘马车到柳村。柳村是金英姐婆家所在地,受到姐夫的弟弟王稻香的热情款待。疲惫不堪的三口人,在王家休整了几日,再乘马车,很快回到了娘家——山西省安邑县,在二哥、老实农民樊侯禹家落了脚。

樊桂英迫不及待地前往县政府,受到王菁华县长热情的接待,并介绍她到运城人民医院妇产科工作。

1950年7月10日,中共山西省委组织部决定恢复樊桂英同志党籍。1951年,她任运城专署保育院副院长,后为院长。恢复了组织关系,回到了党的怀抱;力立也已经是聪明伶俐、诚实懂事的小学六年级的学生了。"找机会'回家'、带好孩子"罗云鹏的遗愿实现了。樊桂英感到有用不完的力量,可以甩开膀子为党工作了。

樊桂英(前排抱小孩者)和保育院的同事及孩子们

尾声

一 罗云鹏烈士大事年表

1910 年，出生于黑龙江省巴彦县兴隆镇大房身村一户殷实的农民家庭，取名张会璿（璇），乳名宝权。

1919 年，进入本村私塾读书。

1921 年，转入本乡四合泉村孔繁文先生的私塾就读。结识在齐齐哈尔读书的李时雨，深受影响。

1926 年春，和李时雨一起到齐齐哈尔省第一中学读书，改名张敬载。同年秋，以优异的成绩考入南开中学，在这里结识了共产党员林枫，在党的教育下，他心中埋下革命火种。在南开中学学习期间和好友曹京平（端木蕻良）、王兴让等人一起参加各种社会活动。

1929 年，在全校高中演说比赛中，获得第一名。参加校刊《南开双周》出版委员会工作，先后担任编辑股《短评》栏、《论说》栏和《东北研究》栏股员。在进步学生中组织"读书会"，阅读"创造社"作品和其他进步书刊。逐步成长为学生领袖。

1930 年，和李时雨、张甲洲组织在平津的巴彦县学生，开展驱翟运动，声讨巴彦县县长翟星凡横征暴敛、欺压百姓的罪行，迫使黑龙江省长撤销了翟星凡的县长职务。

1931 年，"九·一八"事变后，11 月组织成立南开中学学生会，担任执委会主席。带领同学开展抗日救亡活动,组织南开学生南下请愿。同年,在南开中学,由黄彬同志介绍加入中国共产党,并担任南开中学党支部书记。

1932 年夏,从南开中学毕业,化名张西平。开始职业革命生涯。担任反帝大同盟天津市委党团书记。同年 7 月,作为天津市反帝大同盟代表前往上海,准备赴江西中央苏区参加中国反帝大同盟大会。因蒋介石发动第四次反革命"围剿",会议取消即返回天津,先后在中共天津市委、军委、宣传部工作,后又任天津市委秘书长。同年冬,天津市委遭破坏,不幸被捕。经多方营救,保释出狱,回老家暂避。

1933 年,返回天津。在未恢复组织关系的情况下。参加"左翼文化运动"。

1934 年,考入北平大学法商学院学习。经林枫同志帮助,恢复了组织关系,在北平市委宣传部工作。参加了"一二·九"运动、"一二·一六"运动的组织领导工作。

1936 年,受中共北方局委派,赴上海参加"全国各界救国联合会"工作,担任组织部干事。后因国民党特务纠缠,又返回北平,在市委学委工作。

1937 年 8 月,赴延安,先在中央党校学习,后到陕北公学,任生活部副指导。

1938 年年初,赴兰州任中共甘肃工委副书记。化名罗云鹏。主管组织工作,主编工委内部刊物《党的生活》,加强党员教育,发展党组织,加强党对抗日救亡团体的领导。化名在报刊上发表文章,在挑水工人中组建"兄弟会",建立党支部。

1938 年秋,与樊桂英(张英)同志结婚。

1939 年春,赴天水等地工作。后因孙作宾调回延安,他又返回兰州,负责工委全面工作。

1939 年 9 月 17 日,女儿罗力立(俐丽)出生。

1939 年 10 月,赴延安汇报工作,一个月后,返回兰州,积极落实西北工委对甘肃工委工作的指导意见。

1940 年 6 月 6 日,工委遭破坏,与李铁轮、林亦青、赵子明、樊桂英和八个月的罗力立被捕入狱。同年秋,由警察一分局看守所转押到兰州郊外沈家坡警察总局看守所。

1941 年 1 月,组织策划越狱,结果赵子明、李铁轮成功脱逃,罗云鹏、林亦青因道路不熟,二次被捕。同年 3 月,转押到城内甘肃省第二模范监狱。同年 4 月,转押到国民党中统特务组织设立在兰州沙沟的"特种政治犯看守所"。五年中,敌人对其软硬兼施,他信仰坚定,不屈不挠。领导狱中党小组,团结难友,开展对敌斗争,并鼓励 3 位难友成功越狱。

1945 年 9 月,抗日战争胜利。10 月国共重庆谈判达成双十协定,罗云鹏组织带领难友向狱方提出释放政治犯的要求

1946 年 2 月 22 日,罗云鹏被秘密杀害,壮烈牺牲。年仅 36 岁。

二 罗云鹏部分战友生平简介

谢觉哉 （1884—1971），原名谢觉斋，字焕南，学名维鋆，别号觉哉，湖南省宁乡县人，老一辈无产阶级革命家。21 岁时在父亲的要求下，考中了旧中国最末一科的秀才。在苏联十月革命和五四运动的影响下，他努力追求革命真理，1920 年 8 月，在长沙主编《湖南通俗报》。在这里他结识了毛泽东。使《湖南通俗报》变成了宣传新民学会革命主张的进步报纸，促使人们从彷徨中觉醒。对湖南当时的政治、思想和文化运动起了积极的推动作用。1921 年 1 月，加入了新民学会，1925 年加入了中国共产党。

1926 年 7 月，他先后在长沙、上海等地主编《湖南民报》《大江报》、党中央机关刊物《红旗》杂志、《上海报》等。1931 年秋，先后担任湖南省委政治部秘书长、湘鄂西中央分局文化副部长、党校教务长，同时主编湘鄂西政府机关报《工农日报》。1933 年 5 月，他到了中央苏区瑞金，初任毛泽东同志的秘书，后任中央工农民主政府秘书长、内务部长。1934 年 10 月，年已半百的他毅然随红军参加长征。1935 年到延安后，他历任内务部长、秘书长、司法部长、代理最高人民法院院长和审计委员会主席等职。

1937 年 7 月 29 日，他奉党中央和毛泽东主席的委派，由延安来到兰州红军办事处,担任中共中央和毛泽东同志的代表,建立甘肃抗日民族统一战线。他忠实地执行了党中央和毛泽东同志提出的方针,坚持团结、坚持抗战、坚持进步,积极发展进步势力,争取中间势力,坚决反对顽固势力,同国民党甘肃当局进行了有理、有利、有节的斗争,争取团结了国民党上层人士贺耀祖(组)等人、使甘肃的统一战线工作取得了显著成绩。

由于他和"八办"的努力,甘肃的统战工作和民运工作出现了空前的大好形势, 抗日救亡团体和进步刊物也如雨后春笋般纷纷成立和创刊。他协助重建了甘肃秘密党的组织,同时为营救失散在河西、青海一带的红西路军将士,四处奔走,艰苦努力,为革命保存了一大批有生力量。他带领"八办"工作人员接待往返于延安、新疆、苏联的我党干部和国际友人,转运各种支援抗战的大批物资,为保证经兰往返干部和援助物资的安全,做了大量周密而艰苦的工作,并胜利完成了任务。1938 年 9 月奉命离开兰州返回延安,1939 年为处理国民党反动派在陇东边区制造的"摩擦"事件,他再次踏上甘肃这块土地,完成任务后返回延安。

此后,他历任中央党校副校长、西北局副书记、陕甘宁边区参议会副会长。1945 年 11 月,根据中央决定,他在边区政府成立了宪法研究会并担任负责人。1946 年 11 月,经中央书记处批准,在边区宪法研究会的基础上成立了中央法律问题研究委员会,他任主任委员。1948 年 8 月,任华北人民政府委员兼司法部长。1949 年 8 月, 新中国第一所政法大学——国立北平政法大学成立,他担任了校长。

中华人民共和国成立后, 他任中华人民共和国第一任内务部长、法制委员会委员等职。1954 年 8 月当选为第一届全国人民代表大会代表;

1956 年在党的第八次代表大会上当选为候补中央委员；1959 年 4 月当选为中华人民共和国最高法院院长；1962 年 8 月被增选为中央委员；1964 年担任全国政协副主席。

他为党的工作奋斗一生，对中国人民的革命和解放事业，对党的抗日民族统一战线的建立，对建立和健全地方各级人民代表大会制度，对我国的民主法制建设和社会福利事业，都作出了卓越贡献。他是全党和全国人民尊敬和爱戴的老一辈无产阶级革命家。

1971 年 6 月 15 日，于北京逝世，享年 87 岁。

伍修权 （1908—1997），曾用名吴寿泉，祖籍湖北阳新县，出生于湖北武汉武昌。著名的中国人民解放军领导人，无产阶级革命家、军事家、外交家。1923 年加入社会主义青年团。1925 年 10 月，由党派赴苏联，在莫斯科中山大学、莫斯科步兵学校学习。1929 年到苏联远东边疆保卫局工作，1930 年转为苏联共产党(布)候补党员。1931 年 5 月，回国后即转为中国共产党党员。

1933 年 10 月，伍修权被调到中央军委担任共产国际军事顾问李德的翻译，1934 年 10 月，参加二万五千里长征，列席遵义会议。后任红三军团副参谋长、陕甘宁边区政府秘书长。

苏联政府为了有效地支援中国抗战，把兰州作为主要的联络点，设立了外交代表处和军事代表处。1938 年 2 月，党中央派精通俄语的伍修权来兰，以上校军衔任八路军驻甘办事处处长。在兰州工作的 3 年期间，伍修权与党代表谢觉哉同志一起，坚持团结、进步、抗战的方针，与国民党甘肃当局进行了有理、有利、有节的斗争，建立和巩固了甘肃的抗日民族统一战线,保持了与苏联驻兰军事代表处和外交代表处的联系,同时还肩负了党的重要领导干部和国际友人往返苏联、新疆和内地的接待任务,为他们提供了安全保障,出色地完成了党中央交给的各项任务。

1941 年 5 月底,他奉命离开兰州返回延安,任军委总参谋部作战局局长,1945 年 9 月升任总参作战部副部长,随后调任东北民主联军司令部第二参谋长。为便于同苏军打交道,中央军委主席毛泽东任命他为少将。1946 年 4 月,他被调军调处执行部东北分部任中方参谋长,后为中方负责人;1947 年 2 月回东北军区司令部任参谋长,后兼军工部政委;1948 年 11 月任沈阳军事管制委员会副主任兼沈阳卫戍区司令员;1949 年 12 月被调到中央人民政府外交部任苏联东欧司司长,1951 年 1 月升任外交部副部长,1955 年 5 月调任中国驻南斯拉夫大使;1958 年 10 月调任中央对外联络部副部长兼机关党委书记;1954 年当选为首届全国人民代表大会代表,1956 年当选为党的第八届中央委员会委员,1959 年当选为第三届全国政协常委;1974 年担任解放军总参谋部副总参谋长兼二部部长;1975 年起任中央军委委员、总参党委委员;1977 年当选为党的第十一届中央委员会委员:1980 年担任审判林彪、江青反革命集团特别法庭副庭长和特别军事法庭审判长;1982 年当选为中央顾问委员会常委,并担任了全国军人协会会长和北京国际战略学会会长、欧美同学会常务副会长等职,在党内任中顾委机关临时党委书记;1987 年在党的十三大上继续当选为中顾委常委。

1997 年 11 月 9 日,于北京逝世,享年 89 岁。

王定国 (1913—2020),女,四川省营山县人,生于 1913 年 2 月 4

日。久经考验的老一辈无产阶级革命家。1931 年参加革命,1933 年 10 月参加中国工农红军。同年 12 月加入中国共产党。曾任营山县苏维埃内务委员会代主席、县妇女部长等职。1934 年 10 月,随红四方面军参加了三过雪山草地的艰苦长征。1936 年在甘肃永昌县被俘,经营救,1937 年到达兰州,任八路军驻甘办事处管理科科长。随后历任陕甘宁边区参议会机要秘书、延安市妇联主任、华北人民政府司法部机要科科长等职,中华人民共和国成立后,任中央人民政府内务部机要秘书、内务部机要、档案、文书科科长、最高人民法院党委办公室副主任、司法行政处副处长等职,是第五至七届全国政协委员。离休后,热心参加各种社会工作,积极从事公益活动,精心整理谢觉哉的著作。2016 年 12 月入选"感动中国"2016 年度人物候选人。2017 年在中央电视台春节联欢晚会上,现场观众和海内外亿万华人一起给王定国过了她 105 岁的生日。

2020 年 6 月 9 日,于北京逝世,享年 107 岁。

孙作宾 (1909—2002),陕西咸阳人。出生于农民家庭,自幼聪颖好学,好奇求新,17 岁时以优异成绩考入陕西省立第三中学。

1927 年,宁汉合流,冯玉祥投蒋,陕西的革命形势急剧恶化,党的组织遭到严重破坏。期间,孙作宾考入西安中山学校党政训练班,毕业后被分配到冯玉祥组办的训练处当见习员,1928 年 7 月进入杨虎城军事干部学校学习,1929 年 6 月加入中国共产党,在《宛南日报》社当记者。1931 年 1 月毕业后到孙蔚如部十七师宣传队任宣传员。为稳定西北大局,1931 年 11 月孙蔚如部入甘,孙作宾等一批共产党员随军抵甘。到兰州后,根据党组织的安排,孙作宾即赴靖远开展兵运工作。第二次靖远起义后,他受派收编游击队,到水泉参与了游击队的领导工作。

1932年12月,中共甘宁青特委在兰州正式成立,吴鸿宾为特委书记,孙作宾担任特委军委书记。1933年3月,西北抗日义勇军在榆中县园子岔宣布成立。王儒林任总指挥,李慕愚任政委。后来,为加强义勇军的领导力量,甘宁青特委派孙作宾到靖远工作。蒋介石亲令甘宁青三省联军"围剿"义勇军。在十倍于我的敌军围攻下,义勇军突围失败,孙作宾等人被俘,后经组织多方营救得以获释。

孙作宾获释后由兰州前往西安,留在陕西省委军委参与领导兵运工作。

1936年4月,孙作宾赴陕北根据地向党中央汇报工作。8月以后,作为毛泽东的信使,多次往返于西安和保安(*当时的中共中央所在地*)之间,为毛泽东和周恩来开展十七路军上层统战工作作出了独特贡献。

1937年8月,中共中央为了开辟抗日民族统一战线的新局面,决定成立甘肃工委,派孙作宾到兰州负责筹建。10月26日,中共甘肃工委(*初时称兰州工委*)在兰州正式成立,孙作宾任书记。甘肃工委与八路军驻甘办事处保持密切关系,努力开展党组织的建设工作。孙作宾和吴鸿宾等一起,在兰州回族进步青年中宣传民族平等政策,发展回族党员并建立了中共兰州回民特别支部,使党的民族政策和抗日主张获得少数民族的欢迎和支持,促进了兰州地区乃至甘肃全省革命斗争的发展。

1939年1月,国民党中央五中全会制定了"溶共、防共、限共、反共"一系列反共政策,白色恐怖愈加严重。甘肃工委领导成员分散到农村隐蔽,指导当地革命活动。同年6月,孙作宾奉调返回延安,向党中央汇报工作后即被调去马列学院学习。

1940 年秋,孙作宾被调至中共中央统战部工作,1941 年 7 月 7 日调任中共关中分区委员会常委兼统战部部长。1942 年 4 月 6 日,任甘宁工委书记。

1943 年,在延安整风审干阶段,由于受"甘肃红旗党"错案的牵连,孙作宾等 30 多名甘肃秘密党员干部被逮捕,关押长达两年半之久。直到 1945 年获释。

抗战胜利后,重新建立中共甘肃工委。1946 年 3 月后,孙作宾任甘肃工委副书记、书记,全面领导甘肃国统区的工作。在短短两年中,他领导恢复了党在陇南等地的组织、开展了陇右地区党的组织建设和武装建设,组建了中共甘南民变工作委员会和陇渭工委,使党在甘肃的组织进一步恢复和建立起来并得到加强。

1949 年 7 月,中国人民解放军第一野战军进军甘肃,甘肃工委随军西进,为支援西北解放战争作出了优异成绩,受到彭德怀司令员表彰,被誉为"解放大军的好后勤"。7 月 28 日,中共中央西北局决定成立中共甘肃省委,张德生任书记,孙作宾任副书记(8 月 19 日,中共甘肃省委在定西召开第一次全体委员会议,宣布省委正式成立)。

1949 年 7 月至 1952 年 12 月,孙作宾担任中共甘肃省委副书记兼省委统战部部长、纪律检查委员会书记、省委妇委书记和省人民政府监察委员会主任等职务,孙作宾当时主管民族宗教、统战工作,协助省委坐镇指挥,果断、积极而慎重地完成平叛工作。1953 年 1 月后,孙作宾历任中共中央西北局统战部第一副部长兼西北民族事务委员会第一副主任、中共青海省委第二书记、省长等职。

1958 年,整风反右斗争中他被错误划为右派,下放到青海省图书馆任馆长,蒙冤20年。十一届三中全会后,先后任陕西省革委会副主任、省人大常委会副主任,同时当选为第五、六届全国政协常委。此后,他还先后3次以特邀代表身份参加了中共第十三、十四、十五次全国代表大会。1983年离休。他先后撰写了10多万字的革命回忆录和珍贵的党史资料,为陕、甘、宁、青党史研究工作留下了宝贵财富。

2002年8月1日,于西安逝世,享年93岁。

赵子明 (1894—1988),原名房思温,字鲁泉。1894年出生于山东省寿光县。青年时期加入同盟会。1928年,赵子明移民迁到内蒙古河套地区临河县谋生,相继开设了"鲁大药房""内山书店",销售进步书刊。1932年,中共河北省委将赵子明的"鲁大药房"作为秘密联络点。同年4月,赵子明加入中国共产党。

1934年年初,赵子明被派到宁夏银川市,建立了"中共宁夏工作小组",期间曾被国民党逮捕,受尽酷刑折磨。

1936年2月,党组织派赵子明从宁夏银川转至甘肃兰州,先以天津《益世报》特派记者身份作掩护,开设了"兴陇派报社""大公报分销社",经销各种进步报纸,宣传抗日救国的思想。同时和尹有年加入进步群众组织"同仁消费合作社",广泛结交社会进步人士,积极参与和组织抗日救亡活动。

1937年抗日战争全面爆发后,中共中央委派谢觉哉为党中央和毛泽东的代表,于7月29日到达兰州。8月25日,红军驻兰州办事处改称"八路军驻甘办事处"。同年10月26日,中共兰州工作委员会成立,赵子明担任了工委事务秘书,在黄家园经办豆浆店,作为兰州工委秘密联络点。出色地完成了工委的许多艰巨的、重要的、烦琐的任务。1940 年后国民党不断掀起反共高潮,6 月 6 日,甘肃工委遭到严重破坏。在狱中,赵子明和同志们受尽酷刑折磨,但他们视死如归、坚持斗争。1941 年正月初五,经过周密的策划,赵子明、罗云鹏、林亦青、李铁轮四人成功越狱。罗云鹏、林亦青二人因路途不熟复被抓回狱中,赵子明和李铁轮历经艰险,辗转回到延安。1943 年,在延安整风审干阶段,由于受"甘肃红旗党"错案牵连被逮捕,直到两年后平反。

解放战争中,赵子明先后在陇东地委、陇东军分区工作。兰州解放后,他调回阔别十年的兰州,先后担任中共兰州市委委员、常委,省劳动局副局长、市劳动局局长等职,期间还两度担任兰州市政协副主席职务。1983 年赵子明离休。

1988 年 1 月 9 日,于兰州逝世,享年 95 岁。

吴鸿宾 (1902—1988),字彤斋。天水市秦州区人,回族,甘肃民盟创始人之一。1929 年以后,在中共中央军委特科工作。1933 年 12 月起担任中共甘宁青特委书记,担任杨虎城的秘书,在西安发起成立了甘宁青抗日救国会,组织和推动了西安回民的抗日救亡活动。抗日战争全面爆发后,受中共中央副主席周恩来的委派,多次赴青海及甘肃河西一带,营救被俘和失散的红军西路军指战员。八路军驻甘办事处成立后,是中共中央代表谢觉哉的主要助手之一,主要负责建立党与西北少数民族上层人士的统战关系及民主人士的统战关系。1937 年任中共甘肃工委委员,负责宣传及回民工作。发起成立了兰州市回民的统一战线组织回民教育促进会,在兰州市的回民中进行爱国爱教、抗日救亡的宣传活动和抗日募捐活动,发展进步青年杨静仁、鲜维俊等加入中国共产党,主持建立了西北第一个中共回民特别支部。

1945年,经民盟西北总支部负责人杜斌丞与中共中央协商,时任中共甘肃工委委员的吴鸿宾加入了中国民主同盟,1946年3月,中国民主同盟甘肃省支部委员会正式成立,吴鸿宾被推举为主任委员。1949年7月,在国民党军警宪特联合大搜捕时,吴鸿宾被迫转移至延安。

中华人民共和国成立以后,吴鸿宾历任国家民族事务委员会委员、西北军政委员会委员,甘肃行署第二副主任,兰州市军事管制委员会副主任,甘肃省人民政府委员,民盟甘肃省临时工作委员会主任委员,民盟甘肃省工作委员会党组书记,西北行政委员会委员等职务。

1950年至1958年,担任兰州市市长。1958年以后,当选为民盟甘肃省第四届委员会和第五届委员会的主任委员。1978年担任民盟甘肃省委员会临时领导小组组长,主持了甘肃民盟组织的恢复工作。此后,担任民盟甘肃省第六届和第七届委员会的主任委员,带领全省盟员积极参加社会主义现代化建设。在任甘肃省人民代表大会常务委员会副主任和政协甘肃省委员会副主席期间,不顾年迈体弱,多次深入少数民族聚居地区调查研究,调解教派纠纷,对回民群众进行近党、爱国、爱教的教育,为促进民族地区经济文化的发展,作出了可贵的贡献。

1988年2月3日,于兰州逝世,享年86岁。

李铁轮 (1911—2001),陕西省石泉县迎丰镇梧桐寺人,在北京求学期间,他便阅读进步书籍,自觉接受进步思想,积极向党组织靠拢。1933年5月加入中国共产主义青年团,被选为北平大学附属高中团支部书记、共青团北平市委秘书、共青团河北省委宣传部干事兼党的交通工作。1933 年 12 月，李铁轮和郭洪涛被派回陕北参加特委领导工作，1934 年 5 月李铁轮任少共陕北特委常委、宣传部部长，留特委机关工作。1935 年 1 月 25 日，陕北第一次工农兵代表大会在安定白庙岔召开，正式成立了陕北省苏维埃政府，李铁轮被选为团特委书记，4 月加入中国共产党。1935 年夏，李铁轮前往北平执行任务。1935 年 10 月，中央红军长征到达陕北革命根据地，李铁轮任中央局白区工作部干部、陕北省委白区工作部部长，1937 年 5 月进入抗日军政大学第二期学习并出任白区党代表大会代表。

1937 年 7 月，中共陇东特委正式成立，对外称"陕甘宁边区政府驻陇东办事处"，设在庆阳县城，袁国平（皖南事变中牺牲）任特委书记，李铁轮任组织部长，任质斌任宣传部长，吴铁鸣任副部长，黄欧东任秘书长，领导陇东特委开展党的工作。

1938 年春，袁国平调任新四军政治部主任，李铁轮继任特委书记。7 月，为了便于领导平凉地下工作，决定成立中共平凉市委，由张可夫任书记兼组织部长，赵守一任宣传部长。陇东特委还遵照中央指示，以八路军 129 师留守处名义，与国民党军队多次商谈，设法营救西路军失散官兵，还指派平凉秘密党员刘华仁与西路军被俘人员秘密联络，向他们转达中央指示。同年 7 月，中央决定将陇东特委与庆环分区党委合并，统一组成庆环分区党委（1940 年更名为中共陇东分委）领导平凉地下工作，李铁轮被中央调往边区党委另行分配工作，于 8 月离开了陇东分委。

1938 年 3 月，中共汉中特委恢复，12 月改为中共汉中地委，中央派李铁轮任书记。1939 年 6 月李铁轮又被调往陕北省委任统战部副部长。

1939年春夏之交,中共甘肃工委书记孙作宾被调回延安工作后,由罗云鹏担任中共甘肃工委代理书记,负责中共甘肃工委的全面工作。1940年1月,中央决定派李铁轮(当时化名李云章)担任甘肃工委书记,到兰州后,以兰新公路局职员的身份住在河口。

李铁轮在甘肃工委任书记期间,根据西北工委会议精神,结合甘肃实际情况,与罗云鹏、王实先、赵子明等人草拟了"甘肃目前形势与党的工作任务"的文件,并提出四项基本任务:一是加强秘密工作,巩固党的组织;二是注意群众性的统战工作,利用合法形式开展抗日救亡工作;三是加强农村工作;四是加强回民工作。1940年6月6日甘肃工委遭到严重破坏,李铁轮等多人被捕。

李铁轮、罗云鹏等人被捕后,经受严刑拷打,他们始终没有屈服,坚持与敌人斗争。后转押到位于兰州西南郊区的沈家坡监狱(现七里河区沈家坡21号)。1941年农历正月初五的午夜,李铁轮等四人成功越狱。在逃往阿干镇的途中,不幸碰到了巡逻兵,四人跑散了。李铁轮独自一人上了华林山,不慎从一个土崖上摔下来,腰部受伤。他忍痛继续走了10多天,途经临洮、陇西、宝鸡,最后到达西安脱险,西安八路军办事处把李铁轮送到澄县后,又随着运盐商到达延安。1943年4月,在延安整风审干阶段,由于受"甘肃红旗党"错案的牵连,李铁轮被逮捕。抗日战争胜利后,最终得到平反。

中华人民共和国成立后,李铁轮历任安东市政府建设局局长,辽东省政府工业厅副厅长,轻工业部计划司副司长、司长,轻工业部部长助理、党组成员,青海石油勘探局局长、书记,青海省委候补委员。李铁轮在"文化大革命"中也受到了冲击,1972年恢复工作后历任燃化部、石化部规划局副局长,化工部规划院副院长、顾问,1982 年 6 月离休。

2001 年 8 月 10 日,于北京逝世,享年 90 岁。

郑重远 (1914—1983),原名郑得庆,又名郑洗瑕、郑吉亭,化名鲁可夫。1914 年,郑重远出生于甘肃省榆中县金崖乡(现金崖镇)邴家湾村的一户农民家庭,兄弟三人,其排行老三。

1932 年,郑重远到兰州上中学,在共产党员陆长林的影响下,思想觉悟有了很大的提高,向往革命,产生了去苏联的念头,中学没毕业就辗转于甘肃、青海之间,打算经青海、新疆到苏联去。因各种条件限制,郑重远去苏联的梦想未能如愿。

1936 年夏,郑重远利用工作的机会在庆阳西峰和红军取得了联系,并参加了陇东的抗日救亡活动。这一年的 12 月,他光荣地加入了中国共产党,并进入革命根据地工作。1937 年 2 月后,他先后在蔡畅主办的统战训练班、抗日军政大学、中共中央党校学习。

"七七事变"后,在中国共产党的倡导和努力下实现了国共第二次合作。1937 年 10 月,郑重远在中央党校学习结束,回到兰州甘肃八路军办事处开展地方党组织的发展工作。他利用人地两熟的有利条件,在兰州师范和榆中家乡开展工作,成立了中国共产党在榆中县的第一个党小组——邴家湾党小组。很短时间就在兰州和榆中发展党员 24 人,建立党小组 4 个。

1937 年 10 月 25 日至 26 日,正式成立了中国共产党甘肃工作委员会(简称中共甘肃工委),孙作宾任书记,郑重远任组织委员,他深入兰州各机关、单位和学校,还到榆中的金家崖、岳家巷、邴家湾、陆家崖等地及青海的一些地方发展了一批党员。这年底,郑重远主持成立了中国共产党在榆中的第一个党支部——中共金崖支部。

1938年春,郑重远进入甘肃省建设厅任录事,以公开身份作掩护从事革命工作。同年4月,中共兰州市委成立,郑重远兼任市委书记。参与组织领导了兰州水伕反对警察局集训的斗争;6月,又协助中共榆中城关支部书记岳子明,在榆中县城关中山街关帝庙附近办起了"新隆书报社",主要销售《新华日报》等进步书刊,在榆中人民群众中产生了较大的政治影响。

1938年年底,为了保存革命力量,部分工委委员分散到兰外隐蔽活动。郑重远辞去建设厅录事职务,以中共甘肃工委特派员的身份到靖远工作,兼任中共靖远县委书记。期间,建立了兰州—青城—靖远—西海固—陕甘宁边区的秘密交通线,为进一步开展工作创造了有利条件。

1940年年初,李铁轮受党的委派来到兰州接任中共甘肃工委书记,罗云鹏任副书记兼组织部长,郑重远改任农运部长。6月,甘肃工委开会时遭到破坏,李铁轮、罗云鹏等人被捕。此时,工委委员只剩郑重远、王实先二人,他们按照组织指示积极处理善后工作。

1941年7月,郑重远调到西北局民运部工作。1943年整风运动审干阶段,郑重远和甘肃党组织的其他负责人一样,受"甘肃红旗党"错案的牵连,遭遇了诬陷和迫害,无辜经受了两年半之久的关押生活。抗日战争胜利后,他被调到东北地区工作,曾任凌源县财粮科长、凌建县委组织部长、锦西县委城工部长、锦州炼油厂党支部书记兼工会主任、锦州市总工会主任、阜新煤矿直属党委书记兼工会副主任等职。

中华人民共和国成立后,郑重远于1951年9月调玉门油矿任党委副书记、副局长,随后任西北企业党委会委员、西北军政委员会农林部农林处副处长。1953 年到 1956 年因病离职休养,1957 年 1 月任政协甘肃省委员会第一届、第二届副主席,粉碎"四人帮"之后,1979 年 11 月任政协甘肃省第四届委员会副主席。

1983 年 1 月 1 日,于兰州逝世,终年 69 岁。

王实先 (1916—2015),生于 1916 年,江苏徐州人,1936 年加入中国共产党。王实先 1933 年参加革命,先后在北平红色互济会和共青团、上海共青团工作,1935 年被捕后关押在苏州国民党中央监狱。1937 年抗日战争全面爆发,王实先被营救回到延安,先后在延安中央党校、中央青委工作,期间任组织科科长、干部科科长等职务。1937 年 10 月 26 日,中共甘肃工委成立后,与兰州八路军驻甘办事处密切配合,建立和发展党组织,掀起轰轰烈烈的抗日救亡运动。王实先奉中央青年委员会的指派到兰州,担任中共甘肃工委青委书记。不久,王实先担任了工委组织部部长,分管兰州市、榆中、临洮和定西等地的工作,他为这些地区党组织的发展做了许多工作。

1940 年 1 月,党中央调李铁轮来到兰州任中共甘肃工委书记。6 月初甘肃工委准备召开工委会议,不料,6 月 6 日工委遭破坏,李铁轮、罗云鹏等被敌人逮捕。王实先和郑重远等一面向"八办"汇报情况设法营救,同时,及时将存放在李铁轮在河口住处的党的文件及时销毁,避免了更大的损失。随后,由郑重远留在兰州坚持工作,王实先和鲁平(李铁轮的妻子)前往延安向党中央汇报。他们从临洮经宝鸡到达西安八路军办事处,前往延安,向李富春汇报了工委的情况。

1941 年 2 月, 王实先从马列学院调到中央农委工作, 再次到甘肃, 开辟兰州到新疆的秘密交通线, 沟通党中央和第三国际的联系。王实先这次回到兰州, 中央明确指示不和地方党组织发生联系, 为了防止意外, 便于避开国民党的盘查, 他骑自行车从兰州到玉门长途跋涉, 沿途进行了卓有成效的工作。1942 年王实先经陇东返回延安汇报工作, 不久, 再次到甘肃, 进一步布置落实建站工作。1943 年, 王实先返回延安向中央汇报, 准备正式开展工作。不料, 在延安整风审干阶段, 由于受"甘肃红旗党"错案的牵连, 王实先被隔离审查。直到 1945 年 8 月被释放出狱。随后, 王实先奉命到达东北, 先后任热中分区绥中县县长, 分区财经委副主任, 辽西省锦州市人民政府副市长。

1949 年, 王实先被调至江西省工作, 先后任江西省赣州专区副专员、赣西南行政公署财委会副主任。1951 年后任江西省工业厅副厅长、江西省工业生产委员会主任、江西省经委主任、江西省计委主任、江西省革委会副主任等职。1979 年任中共江西省委常委、江西省人民政府常务副省长, 1983 年后任江西省顾问委员会副主任。1986 年离休。

2015 年 7 月 1 日逝世, 享年 100 岁。

林亦青 (1920—1944), 原名惠光前, 曾用名王甘前、李健吾、李新民等。1920 年 1 月 16 日出生于陕西省甘泉县劳山乡一个贫苦农民家庭, 兄弟四人, 他年龄最小, 5 岁丧母, 由父亲和兄嫂抚养, 1931 年, 林亦青离开劳山进入甘泉县立高等小学读书。这年, 陕北红军已派人到洛河川一带活动。当时, 县立高小有几名共产党员任教, 在学生中传播马克思主义思想, 介绍苏联十月社会主义革命, 抨击国民党的反动统治和帝国主义的侵略罪行,林亦青深受影响。"九·一八"事变后,林亦青与同学们走上街头积极开展抗日宣传,呼吁各界群众抗日救国,表现突出,锋芒初露。

1943年,陕北红军从洛河川袭击了甘泉县城,引起了甘泉县国民党当局的恐慌,他们开始阴谋策划秘密逮捕学校中的进步分子。林亦青在教师李会友的鼓励和资助下,以优异成绩考入了陕西二中。家境贫寒的他,十分珍惜来之不易的学习机会,努力刻苦学习,积极参加了各种社会活动,成为一名优秀学生。1935年,由李会友同志介绍,15岁的林亦青光荣地加入了中国共产党。在声势浩大的抗日救亡运动中,他积极响应党的号召,投入各项宣传活动并成为学生运动的骨干。1936年西安事变后,他毅然离开陕西二中奔赴"抗大"学习。在去"抗大"途经家乡劳山时,父兄劝他:"咱们这里红了,就在家乡工作,不要再出去了。"他对父兄说:"咱们这里红了,全国还有很多地方没有红,日本还想霸占咱们中国,我去打日本,等到把日本赶走了,给你们背个'金山、银山'回来,咱们穷人好好过个幸福日子。"

进入"抗大"(第二期)后,他被编入第四大队第十中队。这些学员都是第一批由国民党统治区来的学生。1937年7月抗日战争全面爆发后,为了适应抗日前线的需要,中央决定"抗大"第二期学员提前结业,林亦青被派到国民党统治区做秘密工作,先在中央党校培训。同年冬,他的未婚妻赶到延安准备结婚,但考虑到秘密工作环境的艰险,他和未婚妻推迟了婚期。党校毕业后,他化名王甘前,被派到安吴青训班担任队长。

1938年春,林亦青调到甘肃工委工作,他与工委副书记罗云鹏以表兄弟相称,同年夏天,林亦青接替工委委员刘日修负责的青年工作(此时改名为李健吾)。后来,他协助孙作宾、罗云鹏担负了工委的部分组织工作和宣传工作,负责联络各地的秘密组织,管理党员名单和收缴党费,同时帮助罗云鹏编辑、刻印宣传材料和工委机关刊物《党的生活》。

1939年1月,王实先同志调任甘肃工委委员兼青委书记,林亦青被任命为甘肃工委委员,协助罗云鹏做宣传工作,并以特派员身份巡视各地党的工作。这年春天,林亦青被派往徽县巡视领导工作。在徽县短短数月时间,他协助成立了中共徽县工委,很快推动了党的活动并为后来的工作奠定了良好的基础。后来,他又接任王实先的甘肃工委青年部长。1940年年初,李铁轮受命来兰州担任甘肃工委书记。林亦青第二次被分派到徽县。化名李新民以银杏小学教师身份掩护工作。

银杏村有一所初级小学,共有学生100余人,他利用课堂和各种集会,教唱革命歌曲,宣讲抗日形势,组织学生走向社会进行广泛的抗日宣传。在银杏村4个多月的时间,他多次与县委书记吴治国一道研究、指导徽县党的工作,还亲自在县委编印的《徽光周报》上开辟"抗战新闻"专栏,进一步扩大了抗日宣传阵地。

1940年6月,甘肃工委决定于当月6日在兰州周家庄5号罗云鹏家中召开会议,工委成员从各地赶回兰州。不料,工委被破坏,林亦青和罗云鹏等人被捕。这年中秋节前夕,林亦青等被转押到沈家坡看守所。

1941年1月,"皖南事变"发生,白色恐怖笼罩全国。林亦青与难友们在一起分析形势,一致认为形势恶化后他们随时都有被杀的可能,遂决定寻机越狱。农历正月初五夜,李铁轮、罗云鹏、林亦青和赵子明四人成功越狱,但因道路不熟,他和罗云鹏再次被捕入狱,关押在中统的大沙沟秘密监狱。在监狱中,林亦青受尽了酷刑折磨,始终没有暴露共产党员的身份,在罗云鹏组成的狱中党小组领导下,团结难友,和敌人斗争。

不幸的是,由于遭受敌人的酷刑折磨和非人的待遇,林亦青患病又得不到医治,病情恶化,于 1944 年春在狱中逝世,时年仅 24 岁。

罗扬实 (1920—1982),原名罗沔,化名扬实,1920 年出生于陕西沔县。在西安中山中学读书期间,参加了党领导的"民先队"和"抗日救国会"等秘密组织。1934 年随父迁到甘肃清水县。

1937 年春,罗扬实考入甘肃学院附设高中读书。在"同仁合作社"(发售爱国书刊的进步青年团体),结识了一批志同道合的热血青年,1937 年 11 月,在甘肃工委书记孙作宾的介绍下,罗扬实加入中国共产党,成为甘肃工委首批发展的党员之一。罗扬实在紧张的群众工作中,以学生容易接受的语言,为《西北青年》撰写文章,宣传党的主张,还在家里秘密油印中央下发的各类文件,并参与编辑甘肃工委主办的党内刊物——《党的生活》。1938 年夏后,他任中共兰州市委宣传委员、省"青委"委员等职。

1940 年 6 月,甘肃工委遭到严重破坏。1941 年 1 月"皖南事变"发生后,罗扬实 5 月到陇南山区工作。12 月到达延安,在西北局民运部工作。1942 年 9 月,罗扬实到西北党校学习,并负责编辑学校的《学习简报》。1943 年 4 月,在延安整风审干阶段,由于受"甘肃红旗党"错案的牵连,罗扬实遭逮捕。直到 1945 年 11 月,平反后分配到西北党校任教。

1946 年 10 月,罗扬实作为甘肃工委特派员,回到兰州恢复党的工作。截至 1948 年春季,在他直接领导下的兰州、榆中、皋兰等地相继建立了一批支部,党员人数发展到一百多名。同时,还在临洮地区建立了一个支部,有党员二三十人。甘肃工委决定成立以罗扬实为书记,葛曼、张生强为委员的中共皋榆工委,统一领导兰州及周围皋兰、榆中、洮沙、靖远等广大地区党的斗争。皋榆工委成立后,在七里河成立了阿干第八支部,中华人民共和国成立前夕,皋榆工委有支部百余个,党员 2100 余名。仅兰州一带就有党员 300 余人。皋榆工委进行了广泛的统一战线工作。罗扬实努力开展国民党军政界进步人士工作,在解放兰州的过程中,皋榆工委领导广大人民群众开展"护厂护校"斗争,挫败了国民党的破坏阴谋,发动群众开展支前工作,有力地配合了解放大军解放兰州。

1949 年 8 月 26 日,兰州迎来了解放。在欢庆声中,罗扬实陪同彭德怀、张德生、孙作宾等接见了兰州党组织的部分同志。

兰州解放后,罗扬实担任中共兰州市委组织部部长。

1950 年 5 月,罗扬实被派到中央马列学院(中央党校)学习,1952 年 4 月毕业并留校。1958 年被下放到河南登封县担任县委书记。1965 年 9 月离开了中央党校。

1965 年年底,罗扬实调任轻工部塑料局副局长。1976 年粉碎"四人帮"后,罗扬实被任命为中央工艺美术学院副院长。1978 年后任轻工部机关党委委员、工艺美术学院党委书记。

1982 年 10 月 1 日逝世,终年 62 岁。

三　历尽坎坷　初心不改

中华人民共和国的成立,引起了帝国主义的极端敌视。特别是美帝国主义,对新中国在政治上采取攻击和孤立的不承认政策;在经济上实行封锁禁运的政策;在军事上实行侵略、破坏和武装挑衅,并支持国民党残余势力进行破坏和捣乱,妄图扼杀年轻的新中国。国民党遗留下来的是一个千疮百孔的烂摊子。百废待兴,人民生活十分困难。新解放区的广大农村土地制度的改革尚未进行, 国民党反动派潜伏下来的250万土匪、60多万特务分子和各类反革命分子还在进行种种破坏活动,妄图颠覆新生政权,民主革命的任务还没有彻底完成,新生的共和国面临着复杂而严峻的形势。

为此,我国在恢复国民经济的前三年中,开展了土地改革、抗美援朝、三反、五反、接收官僚资本和帝国主义在华财产、镇压反革命等运动。开展了清匪反霸、搜捕特务、登记反动党团分子和进行取缔反动会道门等工作,取得了显著成绩。与此同时,1952年,还开展了党内审干整党工作。

在审干整党中,实际上樊桂英参加革命的经历是很清楚的:从安吴青训班毕业后,在甘肃工委工作两年,在狱中将近七年,两年"回家"路。在工委和狱中的表现都有证明,似乎没有什么可以交代的了。然而,一向对党忠诚老实,严格要求自己的樊桂英,觉得还是应该把和党失去联系单独活动那两年的情况告诉党组织。她主动向组织认真说明了出狱时填过开释表等情况。

本来樊桂英认为她做的这些事应该是可以理解的，然而，在当时形势下，当地组织认为是自首、叛党。1954 年 7 月 31 日，中共运城地委组织部对樊桂英作出决定："为纯洁党的组织，严肃党的纪律，决定开除党籍。"

在 1957 年的大鸣大放以及后来的反右派斗争时，她又被戴上右派分子的帽子。1958 年 4 月 10 日，晋南专署"根据其情节轻重及本人在运动中的态度，决定给予撤销院长职务、由原行政 16 级降为 18 级的处分"。樊桂英重新调回运城人民医院。

在这些不幸中，"开除党籍"对樊桂英打击最大，犹如五雷轰顶，这等于失去了政治灵魂。她根本想不通，特别委屈。她坚信自己对党是忠诚的，舍弃了优越的家庭和待遇优厚的工作，千里迢迢去了兰州，在危险的环境中、在六年的牢狱生活中，面对酷刑和恶劣条件，坚强不屈，团结大家和敌人作斗争；出狱后在孤立无援的困难情况下，从未忘记"回家"，千方百计地寻找党组织，她有什么理由叛党呢？

每当委屈、苦闷的时候，她总是特别想念罗云鹏："老罗！我该怎么办呢？"

对于罗云鹏，樊桂英是非常敬佩的，每当遇到什么困难和问题，她就会想到这位丈夫、兄长、领导、战友。罗云鹏对工作高标准，对自己严要求，做事前认真思考，周密安排，事后还要想一想，还有什么做得不够，怎样才能做得更好。于是她努力从罗云鹏的言行品格中寻找启发，以罗云鹏为参照衡量自己。

虽然对那个特殊形势下的一些做法并不理解,她还是写了许多次检查,还给自己制定了"改造计划":要经常向党汇报思想;接受群众的监督;还要交两位党、团员朋友,帮助自己提高思想和觉悟等等。她拼命地工作,由于"表现"好,于 1960 年 10 月摘掉了右派帽子。1962 年,樊桂英从运城人民医院调到最基层的安邑人民医院工作。

她虽被定为"叛徒"开除留用、每月只发 25 元生活费,但始终把为人民服务作为自己生命的全部寄托和意义,她把个人的不幸深深埋在心底,只要有机会给老百姓看病,她就会焕发出火热的激情,更加忘我地工作。无论是门诊还是病房都认真负责对待患者,忧患者之忧,乐患者之乐。有一段时间,门诊就她一个人,每天 24 小时一人顶班,毫无怨言。她高尚的医德,高超的医术,得到患者及家属的广泛赞扬,给她送来锦旗和表扬信。

1972 年,运城县卫生局成立了科研组,樊桂英不计个人得失,和另外两位医生组成这个小组的核心。他们三人对妇女外阴白斑(属癌前期病变)这一顽症,进行了科研攻关,研制出一种中药膏,对治疗此病有明显疗效。经病理切片证实,治疗能使白斑的色素恢复,角化的外阴恢复成正常的外阴。当时省内外慕名而来的患者很多,医院病房和院外旅店里住着很

科研小组合影,右起第一人为樊桂英

多病人,樊桂英非常忙碌,经常顾不上吃饭。

由于成绩突出,这项成果被运城地区评为科技成果二等奖,山西省科技成果三等奖。后来她们的论文《补骨脂浸膏治疗外阴白斑 53 例》发表在 1977 年第 7 期《新医学》杂志上。

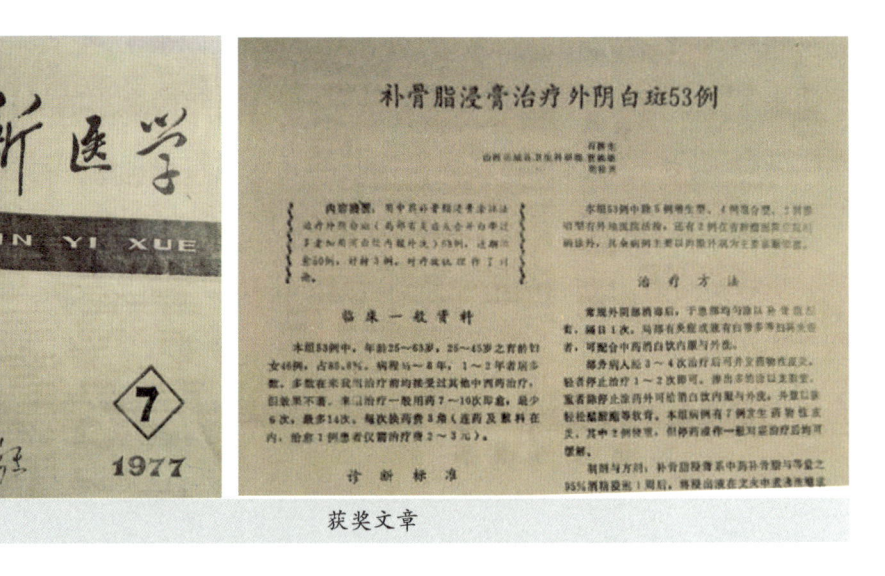

获奖文章

1978 年 12 月 18 日,中共中央召开了十一届三中全会。全会审查和解决了党的历史上一批重大冤假错案和一些重要领导人的功过是非问题。同时,还在全国复查和平反了大量的冤假错案。

从 1979 年 1 月开始,中共运城地委对樊桂英的错案进行了甄别平反,纠正了错误结论;1981 年获批享受离休待遇;1983 年 1 月恢复党籍。

坚强的樊桂英哭了。这眼泪里饱含着多少痛苦的回忆,更饱含着幸福的激动。她的坚守终于有了结果。她忍辱负重期盼了二十多年的这一天终于来到了。

已经年近七旬的樊桂英,离休后和女儿、女婿、孙子们住在一起,孩子们都很孝顺,开始享受天伦之乐。然而樊桂英却根本闲不住。由于她行医数十年,在当地口碑很好,不少患者慕名而来,到家中求诊。她都热情接待,认真诊断,免费治疗,患者十分感激;她还喜欢绘画、书法,广泛参加社会活动,多次获得运城市"老有所为"贡献奖。

1984 年 8 月,在庆祝中华人民共和国成立 35 周年之际,樊桂英与老友相约回到兰州。伍修权来了,孙作宾、刘杰夫妇来了,王实先来了,赵子明来了……当年那群朝气蓬勃的战友,现在连年龄最小的樊桂英也已白霜染鬓了,这些经过革命暴风雨洗礼的老人显得更加坚强。几十年不见的老友重逢,多少往事涌上心头,十分激动。

樊桂英带着力立和两个外孙到兰州烈士陵园祭奠罗云鹏。她在墓前站立许久,告慰夫君:"老罗!看到了吧,你的妻子没有辜负你的期望。现在我们都很好,明天会更好!我百年后,如果条件允许,我就到这陪着你。"

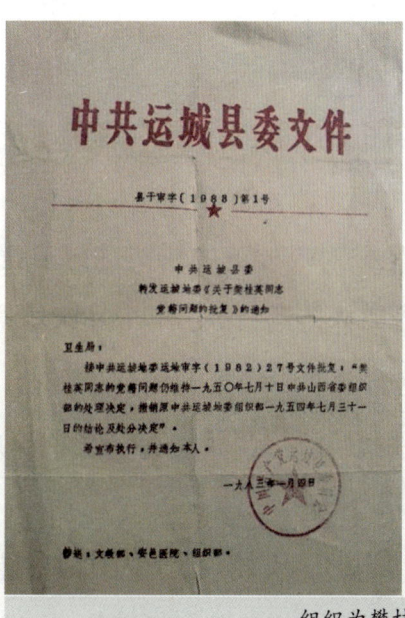

组织为樊桂英平反文件

1989年5月,经中共山西省委组织部批准,进一步认定了樊桂英同志参加革命工作的时间,由1938年提前到1936年12月,从在西安加入"民族解放先锋队"起算,享受副厅级待遇,属老红军干部。

1992年樊桂英突然患病,中风不语。在病重期间,运城县委(后为运城市)领导曾多次到家里探望,还责成县医院专门成立了樊桂英抢救小组,配备好医生,精心治疗,病情得以稳定。

1984年,樊桂英、罗力立与罗兰、罗继云祭奠罗云鹏烈士

1994年3月10日,西部歌王、狱中难友王洛宾,专程从新疆乌鲁木齐赶来运城看她。她已不能说话,见到王洛宾却失声大哭,让在场的家人痛彻肺腑。

2001年1月,樊桂英病情加重。弥留之际,一家人围拢在身边。她拉着孩子们的手,看不出痛苦的表情,因多年失语,没有留下遗言。从她那安详的仪态上可以看出,她对自己的一生无怨、无悔、无憾。她把自己整个生命和全部精力都献给了这个世界上最伟大的事业——为共产主义而奋斗。

在中华民族的发展过程中,伟大的中国人民作出了巨大的贡献。在中国共产党领导的新民主主义革命、社会主义革命和社会主义建设的过程中,无数人民群众参军、参战、支援前线,努力生产,任劳任怨,无怨无悔,作出了重大的贡献和牺牲。这种高贵品德和精神值得发扬光大,樊桂

20世纪80年代的樊桂英

英就是这千万中的一员。她虽没有做过轰轰烈烈、惊天动地的伟业，但是始终默默地奉献在自己平凡的岗位上。

2001年1月30日，樊桂英安详地病逝在家中，享年85岁。

2月2日，樊桂英的追悼大会在运城市盐湖区隆重举行，区委、区政府主要领导参加。悼词对樊桂英作了充分的肯定和客观的评价："她是中国共产党优秀党员。樊桂英的一生是革命的一生，是无私奉献的一生，是全心全意为人民服务的一生；在长达70年的革命生涯中，她始终如一地对党和人民的事业忠心耿耿，对共产主义的信念坚定不移，在平凡的工作岗位上作出了不平凡的贡献。"

她虽然离开了我们，但她给我们留下了宝贵的精神财富，这就是坚定的信念，坦荡的胸怀，顽强的意志，崇高的品质。

※整风运动和反右派斗争：1957年4月27日，中共中央发布了《关于整风运动的指示》，决定在全党进行一次以正确处理人民内部矛盾为主题，以反对官僚主义、宗派主义和主观主义为内容的整风运动。广大人民群众、各界党外人士和广大党员积极响应党中央的号召，对党和政府的工作以及党员干部的作风提出了大量有益的批评、建议。这都是正常的。但是，在这个过程中，也出现了一些违反社会主义利益的错误言论，极少数资产阶级右派分子乘机向党和新生的社会主义制度放肆进攻，妄

图取代共产党的领导。特别是在所谓"大鸣大放"的口号下,一些地方举行群众性集会,贴大字报,报刊发表和传播一些煽动性的错误言论,一时形成了相当紧张的气氛。在这种形势下,党中央6月8日发出指示,同日《人民日报》发表了《这是为什么?》的社论,决定对右派进攻实行反击。从此,在全国范围内开展了反右派斗争,直到1958年夏基本结束这一运动。

在当时形势下,对某些严重违反社会主义利益的错误言论进行批评,对极少数右派分子的进攻予以回击,在全国人民中间进行坚持社会主义道路的教育,以稳定新建立起来的社会主义制度,是完全必要的。但是,反右派斗争犯了严重扩大化的错误。党的领导对当时阶级斗争形势估计得过于严重,把大量人民内部矛盾当作敌我矛盾,把许多正常的甚至善意的批评和建议,视为右派进攻,再加上中央在1957年10月发出的关于划分右派分子的标准的党内指示,并未能得到严格的执行,这样,就把一大批人错划为右派分子,误伤了许多好同志、好干部和同我党长期合作的朋友,其中不少是有才能的知识分子。许多同志和朋友因而受了长期的委屈、压制和不幸,使他们不能在社会主义事业中发挥应有的作用,这不但是他们个人的损失,也是整个国家的损失。

1959年党中央发出关于分期分批摘掉右派分子帽子的指示,从1959年到1964年,先后五批给被划为右派分子的多数人摘掉了右派帽子。但在当时"左"的思想影响下不可能进行实事求是的甄别改正工作。粉碎"四人帮"以后,1978年4月中央决定全部摘掉其余右派分子的帽子。1978年9月,中央本着实事求是、有错必纠的原则,决定对被划为右派分子的人进行复查,把错划为右派的改正过来。经过两年多艰苦细致的工作,截至1981年年底,基本复查改正了被错划为右派分子的案件。给被错划为右派分子的同志恢复了政治名誉,对他们的工作、生活待遇,也都根据政策作了妥善安排。从而,使许多人从长期的政治困境中解脱出来,得以在社会主义建设事业中贡献自己的力量。

　　(摘自中共中央文献研究室《关于建国以来党的若干历史问题的决议》注释本,人民出版社 1983 年 6 月第一版)

四 纯真友谊寄深情

亲情、友情，特别是在生死与共、艰难困苦中培育的高尚纯真的革命友谊，对于一个人一生的成长和发展有着不可估量的作用和影响。罗云鹏牺牲后，同志、战友始终关心着樊桂英、罗力立母女二人，把对罗云鹏的真挚情感都倾注在她们身上。罗力立就是在高尚纯真的革命友谊沐浴下成长着。

早在力立上中学时，便多次收到狱中的"郭老师"和王姨（王芳玉）分别写来的信，回顾沙沟监狱的生活，教育她不要忘记过去，珍惜现在的幸福生活。

1957 年罗力立考上山西师范学院中文系，她当时很犹豫，不想当教师，准备来年再考。她把自己的想法写信告诉了从未见过面的——时任中央人民政府内务部部长的谢觉哉伯伯。信发出后，她对母亲说："谢伯伯是您和父亲的证婚人，是你们的老上级，我想和他谈谈心。"母亲责备说："你不懂事，谢老那么忙，已 70 多岁，你不该打扰他老人家。"力立意识到自己错了，更不敢奢望谢老回信。然而没料想，日理万机的谢伯伯很快就回了信，告诉她当教师很光荣，并夸奖她信写得好，只要努力，将来一定是个好教师。力立听了谢伯伯的话，十分感谢谢伯伯，愉快地到山西师院报了到。从此她走上了几十年的教育工作道路，成为一名优秀的人民教师。

临上大学前，力立动身到兰州探望父亲的老战友赵子明伯伯（他当时任兰州市劳动局局长、政协副主席）。1941 年罗云鹏和赵子明一同越狱时，罗力立才一岁半。因此，两人彼此都没有印象，赵子明当时住在兰州市郊区大雁滩。这里是城乡接合部，主要生产蔬菜和水果，一般群众生活比较富裕。赵子明家是一座独立小院，几间平房，院子整齐干净，两棵苹果树果实累累，一群正在啄食的鸡，追逐嬉闹，完全就是一个祥和宁静的农家小院。

力立走进门，闻声从屋里走出一位身材高大、头顶完全光秃的老人，一身褪了色的灰布中山装，一双家做的黑布鞋，淳朴、和蔼可亲。这是赵伯伯吗？她犹豫起来，不知该如何称呼。

只见赵子明摘掉老花镜，操着浓重的山东口音道："你是力立吗？"

"我是力立！我是力立！"

他一把拉住她："大侄女，你来了。"刚一句话，眼泪就流了出来。

力立感觉自己像一个委屈的孩子见到了父亲一般，扑在赵伯伯怀里大声哭起来。

站在一旁的穿着偏襟中式褂子的小脚老太太是赵子明的老伴儿。她拉着力立的手说："大侄女啊，见了你，就想起俺那大兄弟，你和俺那大兄弟一模一样啊！"

一下子，初次相见的生疏感化为乌有。在赵伯伯家里住，像住在自己家里一样，不感到任何拘束。赵伯伯带她游览了五泉山，还拜访了他的一些老战友。

赵伯伯逢人就说："这孩子就是罗云鹏的女儿，八个月进监狱，七岁才出来,不容易啊,现在要上大学了……"

赵子明身为局长,老伴儿又把家务操办得井井有条,但是他依然保持着艰苦朴素的本色。那天,力立和赵伯伯一起拜访了一位张叔叔之后,在回家的路上,赵子明忽然摸摸口袋说:"哎呀,我的手帕丢在你张叔叔家了,我得去拿!"

力立说:"那么远,算了,我明天出来给你买条新的。"在赵子明坚持下返了回去。来到张家一看,力立真有些吃惊了!那椅子上放着的分明是一块发黄的旧纱布,哪是什么"手帕"呀,只见赵伯伯把他的"手帕"从椅子上拿起,郑重地叠好,放进衣袋。

这天晚上力立失眠了。取"手帕"的事一直在她的脑海里挥之不去。她想,赵伯伯的生活一定不富裕。她听母亲说过,他的几个儿女一直是普通工人和农民,有的至今还住在山东农村。

那条"手帕"、那套褪了色的中山装、那双钉了轮胎底的布鞋,一次又一次地浮现在她的眼前……不知什么时候,她才睡着。

第二天,力立起得很晚,吃早饭时,赵伯伯说:"昨晚睡觉怎么不关灯呢? 快明时,我替你关的。你这孩子,一点不操心,叫我怎么着呢? "他操着浓重的山东腔。多开会儿灯,还要挨批评,她越发感觉到他的节俭,也太抠了吧!

住了十几天,要开学了。临走的前一天下午,力立看到床上放的东西,不禁大吃一惊。一身漂亮的夏装,一双黑皮鞋,一架"百乐"牌的手风琴,还有二百元钱(1957年的二百元大概相当一般干部三四个月的工资)。这些与那条"手帕"极不相称的奢侈品,都是赵伯伯为力立准备的礼物。赵子明兴奋地对力立说:"伯伯知道你喜欢音乐,就给你买了手拉风琴。"赵伯伯热切的目光,慈父般的疼爱,使力立无法抗拒,感动的激情使她的语言凝滞了,竟没有说感激的话。那天晚上她又失眠了,却记住了关灯。

第二天力立走了,带着沉甸甸的礼品和一颗暖暖的心。

大学毕业后,她在运城当了中学教师,赵伯伯曾三次专程到运城看望她们一家,每次走时,都执意留下钱物。

特别令人难忘的是,1983 年,九十高龄的赵子明第三次千里迢迢从兰州赶到运城看望力立全家,询问家里的情况,还同力立一起讨论唐诗和鲁迅作品。他要回兰州时,力立送他上火车,发现他的两腿无力,是跪着一条腿上车的,力立一阵心酸,低头拭泪。赵老却安慰她说:"这孩子……伯伯就是腿不好,身体还结实着呢!"

1984 年,罗力立的女儿罗兰考取兰州大学法律系,赵子明经常拄着拐杖到学校看她,鼓励她好好学习,继承爷爷的遗志。

1987 年的一天,他拄着拐杖在街上走,一个骑车的小伙子从背后将他撞倒,正准备逃离,被警察拉住,训斥过后,准备拘留,而赵子明却忍着剧痛说:"算了,让他走吧!不要难为他,我老了,站不稳,也不怪他!"老人家的宽容感动得小伙子痛哭流涕。事后他病重住了院。力立到兰州去看他,他不谈自己的病,却询问力立的身体状况如何,生活有无困难。

1988 年 1 月 9 日,赵子明病逝于兰州。力立的赵伯伯走了,然而伯伯对力立慈父般的关怀,却永远温暖着她的心。

赵子明和樊桂英（前左）、王铎元（后右）一家

当年的甘肃省工委委员王实先,曾化名罗云鹭,与罗扬实、罗云鹏被称为"罗家三兄弟",和罗云鹏一家结下了深厚的友谊。解放后任江西省副省长等职,他十分关心樊桂英母女,专程到运城看望她们。力立当语文教师后,王叔叔特地从江西南昌给她寄来手表和《鲁迅全集》等不少书籍。罗力立女儿上大学后,他仍在操心,给她寄去《英汉辞典》和各种文具。

原八路军驻甘肃办事处处长伍修权,当年为中共甘肃工委的建设做了大量工作,和罗云鹏有过密切的工作联系。罗云鹏等被捕后,他曾通过多种渠道进行营救。中华人民共和国成立后他曾任中国人民解放军副总参谋长。他对罗力立一家很关心。

六年多的牢狱生活使罗力立身心受到很大的摧残,身体多病。1982年,她身患重度萎缩性胃炎,胃黏膜非典型增生,四处求医,疗效不佳。当时有一种治疗该病的新药——粗制核黄素,不好买,她到北京,冒昧地请伍伯伯帮忙。当时,正在301医院住院的伍修权热情地接待了她,并让身边的医生为她诊断,到处替她找药,使她身体康复,事后她感到内疚,伍伯伯还病着,怎么还给他添麻烦呢!

后来罗力立的丈夫王铎元老师患病,伍老又从北京寄药来。伍老在信中说:"但愿服后能有疗效,如有效,盼来信,再当寄去百粒,盼你爱人早日恢复健康。这是我对革命后代应做的事,做了于心也是安慰。"

1984年8月,为庆贺兰州解放35周年,前"八办"和甘肃工委共同战斗过的老战友聚会金城,樊桂英母女应邀参加,会上伍修权和她们亲切交谈,询问她们的生活情况,并和罗力立的母亲樊桂英合影留念。

罗力立所在的工作单位——山西运城康杰中学是以嘉康杰烈士的

名字命名的一所重点学校。1985 年正值该校四十周年校庆,力立写信请伍修权题词,信发出仅一周时间就收到了他老人家寄来的亲笔题词"提高教学质量,为四化建设服务",全校师生很受鼓舞。

他还先后寄给力立自己撰写的《我的历程》和《回忆和怀念》两本书。后来伍修权的女儿伍一曼、伍连连先后给罗力立寄来《伍修权回忆录》《伍修权传》两本书。

1998 年,罗力立撰写的回忆录《大豆谣》出版,出版前伍修权亲笔为她的书题写了书名。

2009 年,罗力立到北京检查身体,她和好友孔祥玲约孙作宾的女儿孙晓北、伍修权的女儿伍一曼、伍连连、伍望生,共 6 人,在一个小餐馆聚会。她们之间,没有客套,不讲排场,只要了两盘菜,几碗汤,几个小饼,其中有一盘菜是炒粉条。大家亲亲热热,每人汇报自己的情况。孙作宾的女儿晓北说:"我爸以前对我说过,等革命成功了,咱们一定要吃一顿炒粉条啊!"一句话道尽了革命前辈的艰辛!事后孔祥玲感慨地说:"你们的父辈都是叱咤风云、对革命有大贡献的功臣,你们的聚会真是与众不同啊!"

那位和罗力立母女在兰州沙沟监狱的小号里做过四年"邻居"的狱中党小组成员,被力立亲切喊作王姨的王芳玉(王方),特别

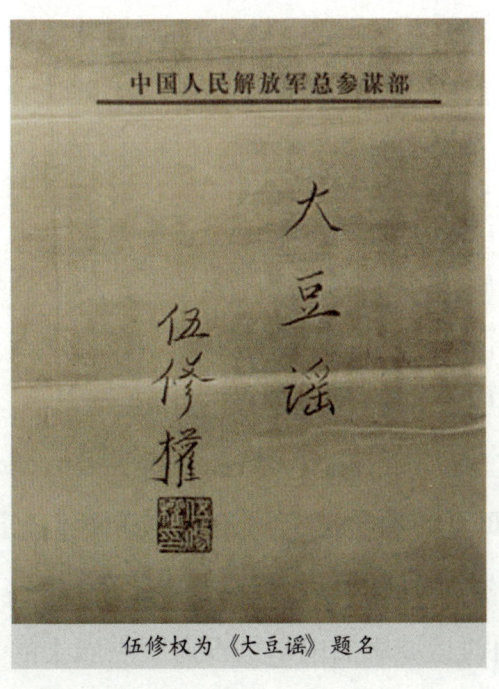

伍修权为《大豆谣》题名

罗力立与王芳玉在北京

喜欢这个聪明伶俐的"大头"，每逢有帮厨的机会，总会偷偷带点食品给力立吃。解放后王芳玉任铁道部工资处处长，力立多次去北京，都住在她家。王姨给力立讲她小时候在监狱的故事。罗云鹏的牺牲，是樊桂英心中永远的痛。力立尽量不问妈妈过去的事，她在《大豆谣》里写的许多内容，都是王芳玉告诉她的。王芳玉还写了一篇《罗力立小的时候》，力立珍藏至今。

在众多狱友中，还有一位力立不能忘却的就是那位长征红军王昌明。他虽寡言少语，不善言表，拖着被冻掉两根脚趾的残腿，却为狱友做了不少事情。他曾像个孩子一样，和力立一起学习认字、算术，为学会书写自己名字而雀跃；他利用拉水的机会带力立看到高墙外的世界，后来还接送力立上学，给力立留下了深刻的印象。1992年，罗力立利用到兰州出差的短暂时间，几经周折，终于找到了这位老人。他虽年事已高，行动不便，但是脑子还清楚，谈起当年在监狱

王芳玉写的《罗力立小的时候》

1992年罗力立与王昌明

的日子，他很激动，一再对力立称赞："你父亲在狱友中威信很高，大家都很佩服。"考虑到老人的身体，力立没有停留太多时间，便告辞了。老人一直目送着力立出了门。

谁言寸草心，报得三春晖。

如今，当年的小力立也已是八十岁高龄了。抚今追昔，感慨万千，她深感党和人民、革命老前辈的哺育关心，给了她极大的鼓励和前进的动力。

五 穿越75年的往事歌谣

　　罗力立的童年没有小朋友,在她那幼小的心灵里记忆最深刻的应该是那位乐观的大胡子 W 叔叔——王洛宾叔叔。狱中的几年,洛宾叔叔看着她长大,力立也在洛宾叔叔的故事和歌声中成长。

　　王洛宾 1944 年出狱,樊桂英母女 1946 年获释。出狱后王洛宾始终挂记着小力立,力立刚上小学的时候,他还特意托朋友给她捎来十斤大豆(蚕豆),一件漂亮的衣服和一束鲜艳的大红花。从那以后的漫长岁月,几经沧桑,他们在不同的地域走过各自不同的、坎坷的人生之路,彼此没有音讯。但是他们的心总像被一根无形的线牵连着一样,都盼望着有重逢的一天。

　　直到 1984 年 9 月 15 日,樊桂英母女的难友、在北京铁道部工作的王芳玉给她们寄来一本《洛宾歌曲集》,并写信谈了王洛宾的情况,说他从 1960 年到 1975 年,经历了漫长的牢狱生活,他虽身处逆境,仍然热爱祖国,热爱人民,热爱生活,以坚韧不拔的毅力进行歌曲创作。粉碎“四人帮”之后,王洛宾的冤案才得到彻底平反,恢复军籍,在新疆乌鲁木齐军区歌舞团工作。

　　不久,罗力立便托人在乌鲁木齐打听他的消息。后来王洛宾颇有传奇色彩的生活经历和富有浓郁民族风情的西部歌曲蜚声海内外。作为他

1994年3月，王洛宾到山西运城看望罗力立一家

的小囚友，力立感到由衷的喜悦。可是她捎信后始终没有得到他的只言片语。她猜测，洛宾叔叔社会活动频繁，无暇给她回信；她有埋怨，人家洛宾叔叔是有声望的大音乐家，早已把自己忘了；她甚至感到委屈，因为她写信的动机并不是想结交名人以附庸风雅，实实在在是出于十分珍惜过去那一段的患难之交。尽管如此，她平日仍然细心在查找电视报上的节目预告，只要是有关王洛宾的报道，都要仔细收看。

那是1994年3月10日，早饭后，她爱人提醒说："今晚有关于王洛宾的电视节目，千万不要耽误！"

谁料想过了一会儿工夫，一位邻居匆匆来到她家，说有从北京来的客人找她。当她疾步跨出大门时，一下子愣住了，她一眼便认出这位身材不高、面色红润、留着山羊胡子、手捧鲜花的老人，正是她梦寐追寻的洛宾叔叔。这突如其来的会晤，惊得她手足无措。当她得知82岁高龄的洛宾叔叔是从千里之外专程来看望她们一家时，感动得不知说什么才好。

洛宾叔叔激动地拉着力立的手说："五十年过去了，我只觉得手里拉着的，还是那个三四岁的小力立啊！"望着洛宾叔叔潮湿的眼睛、饱经风霜的皱纹，回想起他们同陷囹圄、患难与共的日子，想到他苦狱十九年的坎坷遭遇,罗力立抑制不住热泪滚滚,哽咽难语。

洛宾叔叔对力立说:"我一直没有收到你的信, 但是这么多年过去了,一直忘不掉你小时候在监狱里向我夸大豆的事。我是从《罗云鹏传》的作者范圣予老师那里打听到你在山西运城教书的,就把你的地址写在笔记本里,决定抽空到山西来一趟,看看你们一家人。"

力立紧紧握着洛宾叔叔的手,低下头去,注视着,轻轻地抚摸着他手上那一块她小时就已十分熟悉的伤疤。

王洛宾略带幽默地感慨道:

"这是国民党监狱给我留下的永久纪念。"

一句话,勾起了他们对往事的回忆。他们悲喜交加,一边流泪,一边叙述着沙沟监狱那段不平凡的苦难经历。

力立向洛宾叔叔倾诉:"您在监狱教我唱的歌,我唱了几十年,一直都没有忘记。"

王洛宾说:"力立,你当时还小,大概不记得,在沙沟监狱里唱歌,是要冒风险的。有一天我在唱歌,看守听见了,大声问'谁在唱歌'?一个共产党员抢先回答,'我在唱歌',看守就把他拉出去打了一顿,是我在唱歌啊,这位共产党员却替我挨打……"说着,他从身旁的衣柜上捧起力立爸爸罗云鹏的照片,无限深情地说:"你爸爸比我大几岁,很有气节,才华横溢,我对他很敬重……"他的眼睛又湿润了。

他这次来还带着许多礼物:一束美丽的鲜花,一包北京特产,一本出版不久的《纯情的梦——王洛宾自选作品集》,并签名留念,还特地带了一包大(蚕)豆来。

他们并肩坐在沙发上,一起品尝着那散发着特殊香味的大豆——这是一种浸透肺腑的香甜，是任何东西都不可替代的香甜。

当年王洛宾曾为小力立写过一首《大豆谣》，那时他刚过而立之年，她只有四岁，如今半个多世纪过去了，已进入耄耋之年的王洛宾和年过半百的罗力立——他当年的小囚友，又坐在了一起。王洛宾一边吃大豆一边赞美着："大豆永远是世界上最好吃的东西！"此刻他又一次情不自禁地唱起了《大豆谣》：

"蚕豆秆，低又低，结出的大豆铁身体，牢中的俐俐夸大豆，世界上吃的数第一……"

听着他的歌，力立又一次哭了，她真不知该如何回报他老人家这一份太重太重的情意。她这个有着三十四年教龄的高中语文教师竟没能找出半句恰当的话语来表达自己内心深处的无限感激之情。

令人遗憾的是，力立年已八旬的老母樊桂英已中风失语。

王洛宾来到桂英老友的病榻旁，力立赶忙唤醒昏睡中的母亲："妈！

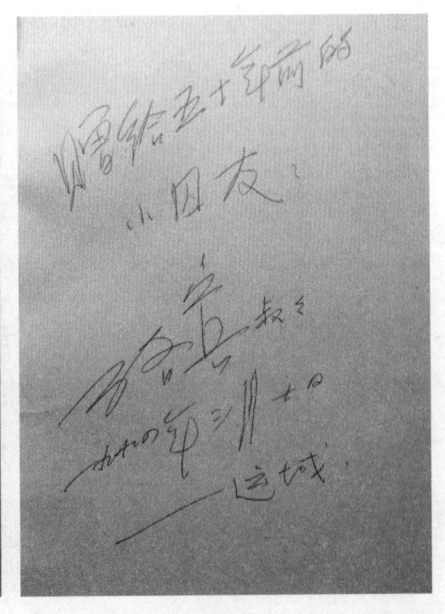

快看呀,洛宾叔叔来看您了。"只见她慢慢地睁开眼睛,打量着突然出现在眼前的这位蓄着山羊胡子、身着黑条绒夹克、健壮而潇洒的老人,迷惘地摇摇头,似乎认不出来了。

王洛宾赶忙伏下身子,拉长声调慢慢地大声呼唤着:"想不起来了吗? 我是沙沟监狱的王洛宾——住在 5 号——您和力立的对门! "

啊! 一句话唤醒了樊桂英遥远的记忆,她如梦初醒地"噢——"了一声,突然放声大哭起来,她已不会说话,但内心深处创痛巨深,此时此刻五十年前铁窗里的苦难、抗争、丈夫的牺牲、难友的手足情……这一切,汇成一股强大的感情巨流,猛烈地撞击着她的心扉,使她再也无法平静下来。

王洛宾犹豫了……他意识到,眼前这位重病卧床的老战友、饱经风霜的烈士遗孀,已经承受不住这一瞬间掀起的情绪震荡。为了力立母亲的健康,王洛宾忍痛放弃了与患难之友重叙往事的初衷,只好匆匆向她告别:"别难过,现在一切都好了,您好好养病,以后我还会来看您的……"

当王洛宾和同来的几位同志驱车离开力立家后, 她才猛然意识到,他老人家远道盛情而来,自己竟连倒一杯热茶的最起码的招待都忘得一干二净,真是追悔莫及……

王洛宾离开运城之后,第二天即赴西安,专门见了力立的女儿罗兰,并邀她一起吃了饺子宴。宴席间他向罗兰讲述她外祖父狱中斗争的事迹,教育她:"你爷爷是个坚贞不屈、才华横溢的共产党员,你妈小时候在狱中活泼、可爱,难友们非常喜欢她,你奶奶在那样残酷的环境中将她拉扯大,很不容易。你现在条件好多了,要懂得珍惜今天的幸福生活,好好工作。"

离开西安后,王洛宾便回到乌鲁木齐去了。

1995 年 12 月 28 日,力立应邀去北京出席了大型纪录片《往事歌谣》的首映式。这部长达八十八分钟的传记片,反映了王洛宾一生的坎坷经历和艺术追求。其中有一组镜头是王洛宾和力立久别重逢的感人场面。这部影片荣获第十五届"金鸡奖"最佳纪录片奖。

那天晚上,首都地质礼堂观众爆满,座无虚席。据说,纪录片如此受到青睐的盛况,在那几年首都影院实属罕见。力立是流着眼泪看完这部片子的。在银幕上她又一次见到了她的洛宾叔叔,又一次听到了那感人肺腑的《大豆谣》。

力立原想这次到北京,一定会见到洛宾叔叔的,可是该片的导演郑鸣说,王洛宾有事去了新加坡。令她十分不安的是又听说他患了胰腺癌,已做了切除手术,人都脱形了。力立抱着一份最大的遗憾和最深的惆怅回到了山西运城,焦急地等待他回国的消息。她不知道他的病情会急转直下,她总相信和洛宾叔叔还会见面的。

1996 年 3 月 14 日,是个令人悲痛的日子。那天,力立和爱人正在商量着要给远在乌鲁木齐市的洛宾叔叔寄去晋南特产——稷山大红枣。可是万万没有料到,当晚中央电视台就传来王洛宾在乌鲁木齐市病逝的噩耗。力立失声痛哭,这是真的吗? 她不敢相信,两年前还是那么健壮潇洒的洛宾叔叔,会走得这样匆忙! 她接连看了几次电视新闻,播音员一次又一次地向她证实:洛宾叔叔真的去了,这是千真万确的。

在那些悲痛的日子里,她几乎天天都在想他,念他。往事一幕幕浮现在眼前……1994 年 3 月 10 日,久别重逢的情景仍历历在目。谁知那幸福的重逢竟然成为永诀……命运为什么会作出这样的安排?

同年 5 月初,力立收到北京一位好友来信,告诉她洛宾叔叔已魂归故里,28 日要在北京西郊金山陵园举行王洛宾墓碑揭幕暨骨灰安放仪式。

王洛宾去了,他已经摆脱了人世间的纷争,带着对大西北——孕育他艺术的沃土的无比眷恋,静静地长眠在故乡北京万安山麓的绿树林中了。

重病的樊桂英和服侍母亲的罗力立,都无法去北京拜谒他的陵墓。母女俩写了挽联:

> 一生为民歌,名扬中外垂千古
>
> 千里送英魂,三晋母女泪满襟

力立通过长途电话,托北京的友人将挽幛和花篮送到了洛宾叔叔的墓前,带去了她们母女对他的深切哀悼。

北京友人在信中还向她们讲述了一些有关情况。他说,王洛宾(和他的爱妻黄玉兰合葬)的墓,如同他的人生,庄重而简朴,汉白玉墓栏里矗立着一座黑褐色的长方形大理石墓碑。墓碑正面镌刻着王洛宾与黄玉兰的名字;背面则是他 1938 年谱写的蜚声中外的歌曲《在那遥远的地方》的手稿;墓座上是王超海撰文的《王洛宾墓志铭》。铭文六百多字,其中最后一段写道:

> 千里驹兮杂于马群,需伯乐兮相而拔晋。
>
> 西部曲兮流于民唇,承洛宾兮识而传真。
>
> 驹无伯乐兮无以千里,曲无洛宾兮中外寡闻。
>
> 民间瑰宝兮撷之于民,人间绝唱兮得之于心。
>
> 传歌之志兮可嘉可钦,洛宾之功兮青史永存。

人们都说世界上有华人的地方就有王洛宾的歌。世界著名歌唱家罗伯逊将《在那遥远的地方》作为保留节目,唱遍了全世界。王洛宾的歌征服了亿万人的心。

然而,王洛宾的人品比他的艺品更能感动人心。

当我们沉浸在那带有浓郁西域风情的美丽乐章中时, 请不要忽略,这位用质朴、清纯的音乐语言传达了人类共同感情的了不起的艺术家、世界文化名人,在半个多世纪的人生舞台上,却扮演着一个默默无闻的孤独的采风者的角色。很多人都是唱着王洛宾的歌长大的,却不知道王洛宾是谁, 直到 1988 年,《在那遥远的地方》才第一次署上王洛宾的名字,而这一年他已经是七十五岁的老人,他被承认和被广泛宣传,也不过是晚年的事情。

罗力立的案头摆放着一枚印制精美的《王洛宾纪念卡》,她常常伏案久久地凝视着眼前的画面:她的洛宾叔叔站在蓝天白云下,头戴礼帽,凝视远方,富有音乐感的山羊胡子,在微风中飘动。她深深地沉浸在对她的洛宾叔叔绵绵不断的怀念之中。

力立时时捧出洛宾叔叔送给她的书——《纯情的梦——王洛宾自选作品集》,那熟悉的旋律,时时在耳畔响起:"蚕豆秆,低又低,结出的大豆铁身体,牢中的俐俐夸大豆,世界上吃的数第一……"她仿佛觉得洛宾叔叔并没有离去,他留给她的歌仍然回荡在她的心里,是不会消失的,是永恒的。

她会年年岁岁唱他的歌,她会永远纪念他,她会像他那样,用一颗纯净的心去拥抱生活,去追求美、传播美,去做美的使者。

王洛宾逝世后,罗力立和他的友谊又以新的方式延续着。她以《大豆谣》为书名,写了一本回忆录,描述童年的狱中生活,其中包括她和洛宾叔叔的故事。王洛宾的儿子王海成写过几本书,有《我的父亲王洛宾》《往事如歌——王洛宾的歌子·案子·车子·儿子》等,每次都会寄给罗姐。现在他们经常微信联系,因为他们有共同的亲人王洛宾。

为庆祝中华人民共和国成立 70 周年,深入开展"不忘初心、牢记使命"主题教育,北京师范大学艺术与传媒学院推出大型原创音乐剧《往事歌谣》。王海成是该剧的特邀艺术顾问。故事以著名音乐家王洛宾的传奇人生展开,将王洛宾结识他的精神导师共产党员老罗(罗云鹏为原型)、音乐挚友老白以及出生八个月就生活在监狱中老罗的女儿小力立(罗力立为原型)作为主要线索,在这段炼狱生活中,穿插着王洛宾的艺术生涯。音乐剧《往事歌谣》艺术地揭示了这些特殊的经历,使得王洛宾成为拥有国家和民族情怀、对人民有责任心、使命感、对艺术有崇高追求的一代人民艺术家。王洛宾带着对祖国、对民族、对人民的爱,以及对西部这片土地的热爱,发掘并谱写着西部民歌,将它们演绎为一首首流传久远的经典之作。

2019 年 11 月 23 日晚,音乐剧《往事歌谣》在北京师范大学北国剧场上演,王海成和罗力立并肩而坐,同数百名观众一起观看。当看到舞台上的王洛宾给小力立讲故事的情景时,两人都激动不已,感慨万分。剧终时,他们被请上舞台与全体演员合影。罗力立对大家说:"我有一个伟大的父亲,他为革命事业献出 36 岁的年轻生命,他留给我信仰和力量。我还有一个爱我的洛宾叔叔,他留给我的《大豆谣》,是我一生的温暖和财富。"

台上台下一片欢呼,掌声雷动。

这深情的往事歌谣,穿越了 75 年,传唱着爱,绵延永续……

六　红色基因　薪火相传

罗力立是山西运城康杰中学退休教师,从 1961 年山西师范学院(现山西大学)中文系毕业后分配回母校康杰中学当语文教师,直至1994 年退休,勤勤恳恳工作了 34 年,深受师生的欢迎和称赞。

罗力立是罗云鹏烈士的女儿,有着一段特殊的人生经历,出生八个月便同父母一同入狱,直到七岁才出狱,被称为"活着的小萝卜头"。出狱后,母亲带她冒着生命危险回到解放区,回到党的怀抱。幼时苦难经历给她的身体发育带来伤害,但是耳濡目染狱中父母和那些共产党人的言行、爱憎以及高尚情怀,对罗力立来说是一种独特的学前教育,给她打上了无私、向善的性格烙印。

罗力立在康杰中学读书时,宋华青是康中的校长,他对罗力立这位烈士遗孤满怀深情,关怀备至,对力立的母亲、烈士遗孀樊桂英也非常同情。后来他离开运城康杰中学,调到太原山西师院担任教务长,正好罗力立也考入这所大学,每每见面,宋华青总要问及她母亲

少年罗力立

的身体状况。

上大学后的罗力立好学上进,遵照母亲的嘱咐,时时处处严格要求自己,除圆满完成学习任务之外,还积极参加校内外各项活动,成绩突出,受到学校表彰。毕业前夕,她光荣地加入了中国共产主义青年团。

罗力立大学毕业时,母亲樊桂英已被错误地开除党籍,划为右派分子。根据当时情况,罗力立有可能被分到边远地区。但是老校长宋华青,这位心有大爱、胸怀坦荡、品德高尚的老党员,对罗力立的情况十分了解。在他的关心下,结合罗力立在校一贯表现,学校把罗力立分配到高中母校康杰中学。宋华青语重心长地对罗力立说:"你妈妈为革命吃了太多的苦,她一个人很孤独,你就回运城陪伴她吧,好好孝顺她。你是烈士的女儿,能分配到以嘉康杰烈士的名字命名的康杰中学工作也是有特殊意义的。"

老校长的关怀和教导给了力立温暖,指明了方向。她决心继承先烈遗志,肩负为国家培养人才的神圣使命,在教师岗位上努力工作。

人们给了教师许多美好的赞誉:园丁、红烛、春蚕等等。而罗力立认为"人类灵魂的工程师"和"塑造人的艺术家"是对教师的最高颂辞,它揭示了教育的本质,也是对教师的最高要求。她决心朝着这个方向努力。

课堂教学是中学教学的主渠道,几十年来,罗力立始终把课堂教学作为自己工作的主旋律,要求自己上好每一堂课,带着强烈的教书育人的责任感、使命

中学教师罗力立

感,全身心投入课堂教学中。她平时把读书作为自己的生活习惯,天天看书,以书为友,做了大量读书笔记,"一天也不能断的潺潺小溪,充实着思想的河流",她还订阅多种有关语文教学的刊物,注意探索各种不同的教学方法。

罗力立在备课上很下功夫。比如为了讲好孙中山写的《〈黄花岗七十二烈士事略〉序》一文,她阅读了很多有关孙中山事迹的文章和烈士生平的资料,写了一万多字的教案,然后才走上讲台。在课堂上,她饱含激情地描绘了爱国将士惊天地、泣鬼神、血染疆场的历史画卷。在以嘉康杰烈士的名字命名的康杰中学上课,以烈士女儿的情怀讲烈士的事迹,那堂课她上得激情澎湃。学生们受到先烈那种"拼将十万头颅血,须把乾坤力挽回"的英雄气概的感召,群情激昂,议论纷纷,形成了极佳的课堂氛围。几十年过去了,听过那堂观摩课的师生仍能忆起当时的感人情景。一个学生在当天的日记里写道:"学了这篇课文,我懂得了一个道理,无论干革命还是搞建设都不会一帆风顺,需要付出代价,甚至付出生命。我们还年轻,在今后的生活道路上,要敢于拼搏,甘于奉献,我们要把黄花岗烈士的'碧血'化为振兴中华的信念和力量……"

罗力立上课的特点是富有激情,这种激情可以提高学生的情商,激发学生学习的主动性、积极性。她四十多年前的学生、北京大学毕业的郭俊杰在给老师的一封信中说:"我至今记着您讲陶斯亮写的《一封终于发出的信——给我的爸爸陶铸》时的情景,当时您泣不成声地为我们朗读这篇课文时,全教室已是一片呜咽声,因为您是在用'心'读,读出了女儿对含冤而逝的父亲无尽的思念,让我们深受感动。"

罗力立上课声情并茂,富有感染力,努力使躺在课本上的语言站起来,使它形象化,产生磁性和魅力。"教育的艺术不在于传授本领,而在于激励,唤醒,鼓舞。"这正是她真切实践的教学境界。

罗力立不仅在学业上教导同学,在生活上更是关心同学。"哪个同学病了,她会到宿舍嘘寒问暖;哪个同学的衣服破了,罗老师会帮着缝上。罗老师就曾给我缝过扣子,这种如师如母般的教导与关怀,让我们既是师生又如家人一般。"毕业于清华大学的侯康宁对 40 年前的情形仍历历在目。

罗力立对学生很尊重,优点真诚赞美,不足之处总是循循善诱,耐心帮助,从不训斥学生。她对学生和蔼可亲,谦虚谨慎。有一次她上课迟到一分钟,便在全班同学面前认错。她关心学生,经常嘘寒问暖,促膝谈心。她用自己的人格塑造学生的人格,她用自己的情操陶冶学生的情操。"除了课堂上的学习, 罗老师对我影响最大的还是她的人生态度:坚强、豁达、乐观、善良、感恩、回报,这就是我心目中敬爱的罗老师。"北京大学化学学院教授王颖霞说出了很多学生共同的心声。

罗力立爱她的学生,学生也爱她。2019 年 8 月 24 日,1981 年毕业的康杰中学高 135 班的学生从全国各地赶回母校聚会,专门为他们的班主任罗力立老师举办了隆重的八十寿诞宴会。罗力立即兴发表了热情洋溢的演说, 她坦言:"我心里装着满满的幸福, 我的学生就是对我生命最好的馈赠。"

师生相聚

除了在学校授课外, 罗力立多次在校内外举办各种讲座,内容涉及语文教学、人生意义、革命传统、健康保健等等,

2019年罗力立在甘肃省博物馆讲课

得到各界人士的热烈欢迎。2005年，康杰中学利用暑假培训教工，请早已退休的罗老师作过一次题为"康杰精神、康杰人"讲座。她从嘉康杰烈士的生平事迹，讲到康中教师发扬康杰精神、忘我工作的模范事迹和高尚情怀。她的讲话思想深刻，语言生动、幽默，使全体教工大受鼓舞。讲座结束后，学校教研处主任郭林涛说："我太激动了，您讲得非常精彩，彰显了名校康杰中学语文教师的风采。您并没有讲自己，但是您的讲话本身就是对您自己最好的介绍。"

2019年10月24日，运城新康国际实验学校特邀罗力立作了一场《童年·教学·人生》的讲座，在讲座中罗老师声情并茂地向老师和同学介绍了她的父亲、母亲在那段血与火的岁月中，坚定信仰与敌人艰苦斗争的故事，也讲了自己的人生经历和感悟。鼓励全校师生要学习革命先辈艰苦奋斗、无私奉献的精神，要珍惜现在的美好生活，学会感恩，立志成为无愧于先辈嘱托、无愧于党的关怀、无愧于祖国和人民期望的一代新人。讲座大厅1000多名师生被先烈的牺牲精神深深震撼。她的演讲体现了红色革命精神的生命力、凝聚力和感召力。讲座结束后，全体起立，热烈鼓掌，向罗老师表示感谢和深深的敬意。

"学养深厚，教风朴实，兢兢业业，一丝不苟；热爱教师岗位，热爱学生，平易近人，亦师亦友；人格高尚，心地善良，淡泊名利，豁达大度。在她身上，时时处处体现着根植于内心的向上、向善、一身正气的修养表征。"

曾任运城市政协副主席、原运城学院师范分院副院长的阎义勇如此评价罗力立。他们是康杰中学多年的同事,亦是相知几十年的挚友。

罗力立工作敬业,但为人低调,退休前很少有人知道她的身世和她的家人为革命作出的奉献和牺牲,更没有向组织上提过任何要求。她只图奉献,不求闻达,她没有金戈铁马的壮举,却有着于无声处的情思。有一次评模范,她把名额让给了别人,使自己评职称、提工资均受影响,可是她并不在意。她知道,以前父亲在兰州搞党的工作时,没有工资,是靠自己开石灰厂为革命筹集资金的,生活很艰苦。她想,父亲为革命献出了生命,自己牺牲一点点名利又算得了什么呢?

罗力立历经许多坎坷,有一段时间胃病严重,四处求医。家里也一度遇到很多的困难,但她以顽强的意志战胜种种困难,从未因家事影响工作。她说过这样的话:"我身体不好,家庭也遇到不少麻烦,但每当我走进课堂,看到孩子们那纯净的、渴望知识的眼神,听到他们朗朗的读书声,就会忘掉一切烦恼,沉浸在其乐融融的课堂氛围之中。在我看来,每堂课都是愉快的节日,是精神的盛宴,是师生之间知识和情感的真诚交流。"

罗力立是尽职尽责的好老师,也是孝顺妈妈的好女儿,关爱儿女的好母亲。罗老师的母亲卧床十年,竟然未长过褥疮,医生都惊奇。她和爱人除了每天给老人做可口的饭菜之外,尽量做到精神赡养,经常和母亲聊天,让老人感到病魔无情,家人有情。令人欣慰的是党的十一届三中全会之后,母亲的"历史问题"全部得到纠正平反。罗力立于1982年实现了多年宿愿,加入了伟大的中国共产党。她没有辜负父母的期望,成为一名德高望重、桃李满天下的人民教师。为了培养智障儿子的生活能力,罗力立夫妻二人付出了巨大的努力,让他学会电脑打字,学会微信付款,能背几十首诗词,唱近百首歌曲。

尽管生活给了罗力立许多磨难,但她从未消沉过。她性格坚强,开朗,豁达,乐观,心态很好。这是因为从小就和父母经历过革命斗争的严酷考验,具有钢铁般意志的父亲是矗立在她心灵深处的高大丰碑。"力立",有力量地站起来,父亲留下的这个寓意深刻的名字,是她生活中取之不尽、用之不竭的力量源泉。

退休后的罗力立仍未虚度光阴,撰写了一本回忆录《大豆谣》,由陕西人民教育出版社出版。作家韩石山、评论家韩玉峰等人写了书评,产生了良好的社会反响。康杰中学将它翻印,编入《康杰中学校本课程系列教材》;山西古籍出版社再版了康熙年间《平阳府志》的刻本,本志三十六卷,百余万言,记载了三百年前古晋南的历史。她分担了其中的断句工作,当时正值母亲病重,任务浩繁,为此付出了大量心血;她非常热爱生活,退休后还在老年大学学习书法、绘画、二胡。她说:"我已高龄,秉烛而学,写写画画,不图功利,是为了通过学习进一步靠近博大精深的中国传统文化,怡情养性,提升学养,美化心灵。"

罗力立的身世受到不少部门和媒体的格外关注,先后有运城电视台、北京电视台、兰州电视台都多次采访她,甘肃党史部门、甘肃省博物馆等很多单位约她写文章、作报告,她都会热情配合。讲革命故事、弘扬老一辈奋斗精神,作为烈士的女儿责无旁贷。如今的罗力立已是耄耋老人,家中还有45岁的智障儿子,沉重的家务负担和频繁的社会活动,并未使她畏缩,她精神矍铄,非常健谈。采访过她的记者和听过她报告的人,一致称赞她思维敏捷,逻辑清晰,全然不像八旬老人。

是什么力量让年迈的罗力立老师有这样昂扬的精神,有这么豁达的心态？我们在罗老师的文章里找到了答案。

她发表在天津《今晚报》上的题为《英名垂照》纪念父亲的文章中，有这样几句话："在兰州沙沟监狱中，在父亲慷慨赴死之前，母亲洒泪和父亲诀别，当时年幼的我，对他们说的话还不全懂，但父亲那双明亮、慈善的大眼睛，却像一盏明灯一直照耀在我的心中，燃烧着我的生命。"

2011年建党90周年时，她写的《红色的记忆》一文在运城市地直党委征文中获得特等奖。在文章的最后她说："我童年时期6年的铁窗生涯是苦难的，但也是我一笔弥足珍贵的财富。它让我懂得：最崇高的理想是共产主义；最高尚的人是真正的共产党员；最可贵的品质是为崇高理想而奋斗的坚贞不屈。它赋予我崇尚真善美的价值观；它塑造了我不屈不挠、乐观向上的品格。我感谢命运对我的眷顾；感谢党和人民对我的养育之恩。值此党的90岁生日之际，我向父亲、向千千万万先烈庄严宣告：生命不息，奋斗不止，活到老，干到老，为党的事业发挥余热，为鲜红的党旗增添光彩。"

罗力立用她的行动，忠实传承着父辈的高尚品格和革命精神，也不断感染激励着她的学生、听众和读者。

中共运城康杰中学委员会

2019 年 12 月

主要参考资料

1.《中国共产党历史》上卷 中共中央党史研究室著 人民出版社 1991年7月第一版

2.《中国共产党的九十年》 中共中央党史研究室编著 中共党史出版社 党建读物出版社 2016年6月版

3.《中国共产党甘肃历史》第一卷 中共甘肃省委党史研究室著 中共党史出版社 2009年1月第一版

4.《李时雨革命回忆录》 中共黑龙江省巴彦县委党史资料征集办公室编 1983年3月

5.《甘肃现代革命人物传》① 甘肃省中共党史人物研究会编 甘肃人民出版社 1987年1月第一版

6.《1909—2009兰州百年图志》 中共兰州市委党史办公室著 主编袁志学 甘肃文化出版社 2011年2月第一版

7.《雷坛河的记忆》 中共兰州市七里河区委党史办公室编 甘肃人民出版社 2016年12月第一版

8.《党的生活》第一期 中共甘肃工委编 1938年3月油印本

9.《兰州革命历史人物传记》 中共兰州市委党史办公室编 甘肃人民出版社 2005年5月第一版

10. 樊桂英同志访谈录　范圣予 1982 年夏

11. 伍修权同志访谈录　范圣予 1982 年夏

12. 李时雨同志访谈录　范圣予 1982 年夏

13. 孙作宾同志访谈录　范圣予 1982 年夏

14. 郑重远同志访谈录　范圣予 1982 年夏

15. 罗扬实同志访谈录　范圣予 1982 年夏

16.《王洛宾给范圣予的信》　1986 年 8 月 28 日

17.《韩宝善给范圣予的信》　1986 年 8 月 30 日

18.《梁宗仁给范圣予的信》　1986 年 12 月 6 日

19.《王干城给范圣予的信》　1986 年 10 月 5 日

20.《李文吉给罗力立的信》　1996 年 4 月 20 日、1998 年 10 月 3 日

21.《峥嵘岁月话沧桑》附录:《孙作宾同志的几点说明》《魔爪触处恶风来》　李文吉《公安史志资料选辑》(4)　兰州市公安局政策法律研究室编

22.《张九居给罗力立的信》　1986 年 12 月 27 日

23.《兰州市人民法院刑事判决书(刑字四七六号)对李茂伯的判决》1950 年 12 月 28 日

24.《林枫在一二·九》　中红网

25.《洛宾歌曲集》　甘肃人民出版社　1983 年版

后　记

　　罗云鹏是甘肃著名的革命烈士，是中共甘肃工委的重要领导人，为中国革命的胜利作出了重要贡献。他在斗争中表现出的奋斗精神和浩然正气，体现出了共产党人的优秀品质和崇高精神，是共产党人学习的榜样。

　　20世纪80年代，范圣予开始接触有关罗云鹏烈士的材料时，就被烈士的革命精神所感动，觉得罗云鹏的光辉事迹，是一笔宝贵的社会精神财富，应该挖掘整理出来，献给人民，产生了撰写罗云鹏烈士传记的强烈愿望。在写作过程中得到伍修权、孙作宾、王定国、郑重远、王实先、罗扬实、李铁轮、刘杰、李时雨、曹京平（端木蕻良）、唐永健、曹世瑛、韩宝善等革命老前辈的热情指导和帮助。伍修权、王定国题词，孙作宾作序；烈士生前的战友、同学以及梁宗仁等烈士家乡的干部群众，都在繁忙中提供了许多珍贵材料。此外还得到中共中央组织部、南开中学，以及档案馆、图书馆、党史资料征研单位、西北师范大学的有关领导和同志们的大力支持和帮助。范圣予还有幸拜访了罗云鹏烈士的夫人樊桂英同志，三天的访谈，受益匪浅，更加坚定了作者写作的信心。

　　历时五年艰苦写作，1986年范圣予著的《罗云鹏传》正式出版。得到烈士生前的领导、战友、同学、亲属及读者普遍认可，产生了积极的影响。

一些热心的同志还曾有意以此书为蓝本，编写影视作品，以期成为爱国主义和革命传统教育的有益教材，产生了一定的社会影响。

随着社会的发展、党史资料征研工作的深入，回过头来审视《罗云鹏传》，觉得还有一些不足。作者和烈士的女儿罗力立挖掘出许多新的史料，认识也不断深化，便酝酿筹划以原书为基础，补充深化罗云鹏传记。

中共兰州市七里河区委、区政府把革命传统教育提高到战略地位，非常重视罗云鹏烈士事迹的学习宣传。以中共中央关于开展"不忘初心、牢记使命"主题教育活动为契机，领导亲自抓，深入挖掘整合全区红色资源，大力开展革命传统和爱国主义宣传教育。

2019年9月，中共兰州市七里河区委党史办公室约请罗力立和范圣予同志合作撰写《黄河在召唤——罗云鹏传》一书。目的是向广大读者展现出一本资料全、内容新、真实生动、图文并茂的精品力作，经多方努力，书稿终于完成了。

在此，要特别感激敬爱的百岁革命老人王定国，在她撰写的《后乐先忧斯世事》一书中，多次谈到罗云鹏烈士，她对编写罗云鹏传记的事格外关心和支持。她的《寄语》是对本书作者和广大读者极大的鼓舞。

另外，在这次写作过程中，还得到伍修权的女儿伍一曼、谢觉哉的儿子谢飘等同志的热情关心和大力帮助；王洛宾的儿子王海成先生提供了多首父亲写的狱中之歌；胡润宝（翁克俊）的侄子翁汝益先生提供了胡润宝烈士生前的珍贵照片；原兰州市公安局政策法律研究室的李文吉同志，提供研究成果，对写作提出宝贵建议；山西运城市康杰中学专门举行了座谈会，介绍了罗力立老师矢志不渝投身教育的奉献精神和事迹；天津大学外国语言与文学学院党委书记马小宝同志提供有关资料、照片，并对本书的编写付出了辛勤的劳动。

在此,一并对长期以来给予我们工作大力支持、热情帮助的革命前辈、烈士生前的战友、同学、烈士家乡的干部群众、亲属及有关单位表示诚挚的谢意!

在本书编写过程中,得到省委党史研究室刘正平主任,市委党史办毕燕成主任和省委党校党史专家秦生教授、八路军兰州办事处纪念馆袁志学馆长、兰州战役纪念馆瓮志义馆长的热情指导和帮助,包含着许多同志辛勤劳动的成果。

这本书是我们表达给英烈的赤心,也是献给中国共产党成立一百周年的一份礼物。

本书若存在疏漏和不足,敬请不吝赐教。

编者

2020 年 10 月